U0043506

鄭石岩作品集

大眾心理館
禪學與生活

8

國家圖書館出版品預行編目（CIP）資料

活出自己的如來：作歡喜生活的主人／鄭石岩著．
-- 三版．-- 臺北市：遠流，2011.08
面；　公分．--（大眾心理館）（鄭石岩作品集．禪學與生活；8）

ISBN 978-957-32-6827-7（平裝）

1. 生活指導 2. 自我實現

177.2　　100014517

大眾心理館
鄭石岩作品集・禪學與生活 8

活出自己的如來

作歡喜生活的主人

作者：鄭石岩
執行主編：林淑慎
特約編輯：趙曼如
發行人：王榮文
出版發行：遠流出版事業股份有限公司
100 台北市南昌路二段 81 號 6 樓
郵撥：0189456-1　電話：2392-6899　傳真：2392-6658
法律顧問：董安丹律師
著作權顧問：蕭雄淋律師
□ 2011 年 8 月 16 日二版一刷
行政院新聞局局版台業字第 1295 號
售價新台幣 240 元（缺頁或破損的書，請寄回更換）
有著作權・侵害必究　Print in Taiwan
ISBN 978-957-32-6827-7

ylib 遠流博識網
http://www.ylib.com
E-mail: ylib@ylib.com

大眾心理館・鄭石岩作品集・禪學與生活 8

鄭石岩 著

活出自己的如來

作歡喜生活的主人

總序

我的創作歷程

鄭石岩

寫作是我生涯中的一個枝椏，隨緣長出的根芽，卻開出許多花朵，結成一串纍纍的果子。

我寫作的著眼點，是想透過理論與實務的結合，闡釋現代人生活適應之道，提倡正確的教育觀念和方法，幫助每個人心智成長。透過東西文化的融合，尋找美好人生的線索。我細心的觀察、體驗和研究，繼而流露於筆端，寫出這些作品。書中有隨緣觀察的心得，有實務經驗的發現，有理論的引用，也有對現實生活的回應。在忙碌的工作和生活中，我採取細水長流，每天做一點，積少成多。

從第一本作品出版到現在，已經寫了四十幾本書。這些書都與禪佛學、教育、親職、心靈、諮商與輔導有關。寫作題材從艱深的禪學、唯識及心靈課題，到日常生活的調適和心智成長，都保持深入淺出、人人能懂的風格。艱澀冗長的理論不易被理解，特化作活潑實用的知識，使讀者在閱讀時，容易共鳴、領會、受用。因此，這些書都有不錯的評價和讀者的喜愛。

每當演講或學術討論會後，或在機場、車站等公共場所時，總是有讀者朋友向我招呼，表達受惠於這些著作。他們告訴我「你的書陪伴我度過人生最困難的歲月」，或說「我是讀你的書長大茁壯的」。身為一個作者，最大的感動和安慰，就在這些真誠的回應上：歡喜看到這些書在國內外及中國大陸，對現代人心靈生活的提升，發揮了影響力。

多年來持續寫作的心願，是為研究、發現及傳遞現代人生活與工作適應的知識和智慧。所以當遠流規劃在【大眾心理館】裡開闢【鄭石岩作品集】，期望能更有效服務讀者的需要，並囑我寫序時，心中真有無比的喜悅。

我在三十九歲之前，從來沒有想過要筆耕寫作。除了學術論文發表之外，沒想過要從事創作。一九八三年的一場登山意外，不慎跌落山谷，脊椎嚴重受創，下半身麻痺，面臨殘障不良於行的危機。那時病假治傷，不能上班，不多久，情緒掉到谷底，憂鬱沮喪化作滿面愁容。

秀真一直非常耐心地陪伴我，聽我傾訴憂慮和不安。有一天傍晚，她以佛門同修的立場警惕我說：「先生！你學的是心理諮商，從小就修持佛法；你懂得如何助人，也常常在各地演講。現在自己碰到難題，卻用不出來。看來你能講給別人聽，自己卻不受用。」

我聽完她的警語，心中有些慚愧，也有些省悟。我默然沉思良久。我知道必須接納現實，去面對眼前的困境。當晚九時許，我對秀真說：「我已了然於心，即使未來不良於行，也要坐在輪椅上，繼續我的教育和弘化工作，活得開心，活得有意義才行。」

她好奇的問道：「那就太好了！你準備怎麼做呢？」

我堅定的回答：「我決心寫作，就從現在開始。請你為我取下參閱的書籍，準備需要的紙筆，以及一塊家裡現成的棋盤作墊板。」

當天短短的對話，卻從無助絕望的困境，看到新的意義和希望。我期許自己，把東方的禪佛學和西方的心理學結合起來，變成生活的智慧；鼓勵自己，把學過的理論和累積的實務經驗融合在一起，成為活潑實用的生活新知，分享給廣大的讀者。

邊研究邊寫作，邊修持邊療傷，健康慢慢有了轉機，能回復上班工作。歷經兩年的煎熬，傷勢大部分康復，寫作卻成為業餘的愛好。從一九八五年出版第一本書開始，所有著作都經秀真校對，並給予許多建議和指教。有她的支持，一起分享作品的內容，而使寫作變得更有趣。

住院治療期間，老友王榮文先生，遠流出版公司的董事長，到醫院探視。我送給他一本佛學的演講稿，本意是希望他也能學佛，沒想到過了幾天，他卻到醫院告訴我：「我要出版這本書。」

我驚訝地說：「那是佛學講義，你把講義當書來出，屆時賣不出去，你會虧本的。這樣我心不安，不行的。」

他說：「那麼就請你把它寫成大家喜歡讀的書，反正我要出版。」

就這樣允諾稿約，經過修改增補，《清心與自在》於焉出版，而且很快暢銷起來。因為那是第一本融合佛學與心理學的創作，受到好評殊多。爾後的每一本書，都針對一個現實的主題，扎根在心理、佛學和教育的學術領域，活化應用於現實生活。

禪佛學自一九八五年開始，在學術界和企業界，逐漸蔚成風氣，形成管理心理學的一部分，企業界更提倡禪式管理、禪的個人修持，都與這一系列的書籍出版有關。

後來我將關注焦點轉移到教育和親職，相關作品提醒為師為親者應注意到心理健康、學生輔導、情緒教育等，對教育界也產生廣泛的影響。教師的愛被視為是一種能力，親職技巧受到更多重視，我的書符合了大家的需要，並受到肯定，例如《覺・教導的智慧》一書就獲頒行政院新聞局金鼎獎。

在實務工作中，我發現心靈成長和勵志的知識，對每一個人都非常重要。於是我著手寫了好幾本這方面的作品，許多家長把這些書帶進家庭，促進親子間的和諧，並幫助年輕人心智成長；許多大學生和初踏進社會的新鮮人，都是這些書的讀者。許多民間團體和讀書會，也推薦閱讀這些作品。

唯識學是佛學中的心理學，我發現它是華人社會中很好的諮商心理學。不過原典艱澀難懂，於是我著手整理和解釋，融會心理學的知識，變成一套唯識心理學系列。此外，禪與諮商輔導亦有密切的關係，我把它整理為禪式諮商，兼具理論基礎和實用價值，對於現代人的憂鬱、焦慮和暴力，有良好的對治效果。目前禪與唯識，在心理諮商與輔導的應用面，不只台灣和大陸在蓬勃發展，全世界華人社會也用得普遍。每年我要在國內外，作許多場次的研習和演講，正是這個趨勢的寫照。

二十年來我在寫作上的靈感和素材源源不絕，是因為關心現代人生活的適應問題和心理健康。我從事心理諮商的研究和實務工作超過三十年，個案從兒童青少年到青壯年及老年都有；類別包括心理調適、生涯、婚姻諮商等，我也參與臨終諮商及安寧病房的推動工作。對於人類心靈生活的興趣，源自個人的關心；當我晤談的個案越多，對心理和心靈的調適，領會也越深。

我的生涯歷練相當豐富。年少時家境窮困，為了謀生而打工務農，當過建築工、水果販、小批發商、大批發商。經濟能力稍好，才有機會念大學。後來我當過中學老師，在大學任教多年，擔任過簡任公務員，也負責主管全國各級學校訓輔工作多年，實務上有許多的磨練。

我很感恩母親，從小鼓勵我上進，教我去做生意營生。她在我七歲時，就帶我入佛門學佛，讓我有機會接觸佛法，接近諸山長老和高僧，打下良好的佛學根柢。我也很感恩許多長輩，給我機會參與國家科技推動工作長達十餘年，從而了解社會、經濟、文化和心理特質，是個人心靈生活的關鍵因素。如果我觀察個案的眼光稍稍開闊一些，助人的技巧稍微靈活一點，都是因為這些歷練所賜。在寫作時，每一本書的視野，也變得寬博和活潑實用。

現在我已過耳順之年，但還是對於二十餘年前受重傷所發的心願，珍惜和努力不已。希望在有生之年，還有更多精神力從事這方面的研究和寫作。寫作、助人及以書度人，是我生命意義中很重要的一部分，我會法喜充滿地繼續工作下去。

《活出自己的如來》目錄

壹 如所從來

貳 愛心之路

叁 面對真實

肆 活得自在

伍 穎悟慧心

新版序

你可以活得更好

你可以活得更好，更有成就感。

生活在這個E世紀的人們，資訊傳輸快速，但生活的智慧卻不足；價值中立化，而人生的意義卻變得模糊；知識半衰期快速縮短，生活卻變得更緊張，工作更忙碌更競爭。要想保持身心健康，維持生活品質，顯然更需要正確的觀念和態度，這正是這本書所要討論的主題。

不過，無論社會怎麼變遷，人只要能接納自己，照自己的本質好好生活，努力發揮其潛能，就會有一番收穫和成就，他的自在感、信心和喜樂自然流露出來。反之，人若不喜歡自己，一味羨慕別人，想把自己變成別人的模樣，一試再試總是辦不到，就會陷入空虛、挫折和沮喪。前者的生活著眼於實現自己，一切都是現成的，所以也愉快豐收；後者則背叛自己，不喜歡自己，當然就落得空虛和鬱卒。

因此，生活的基本原則是了解自己，接納自己，實現自己。用自己手中的彩料，去塗繪絢爛的人生圖案；用你能掌握的資糧，在現實的機緣中，努力創作、學習和成長，建構美好的人生。這就是活出自己的如來。

二十一世紀的前葉，將會是一個憂鬱的年代。有憂鬱傾向的人逐年增加，一般的推估約有三分之一以上的人，生活在這種不快樂的心理情境；約有百分之八的人，受憂鬱症折磨，他們的生活和工作機能受到傷害。世界衛生組織稱這種現象，叫做二十一世紀的黑死病。他們更提出警告：並不是只有經濟發達的國家才如此，貧窮的國家也不能免，甚至為患更烈。

多年來我從事心理諮商與輔導的研究，發現憂鬱和不快樂的主要因素是不願意接受自己，不能從自己的生活現實中，找到意義和價值，甚至鄙視自己，唾棄自己。除此之外，還有以下原因：

- **自尊（self-esteem）不健康**
- **悲觀的思考模式和習得的無助**

●個人心理創傷

●生活史和精神病史

這些因素卻往往回過頭來，使一個人逃避自己，厭惡做自己，以致更加沉淪，而走向悲劇或死亡。

二〇〇四年國際佛光會會員大會，邀我以「佛法怎麼救助憂鬱患者」為題作演講。會中我呼籲所有現代人，「要活出自己的如來」。人不能被物化，把自己視為物來操弄，拿來跟別人比較，這是失去自在感和快樂的最主要原因。

於是，活出自己的如來，正是生命的真理。在教育工作上要揭櫫這個真理；在個人生涯發展上，要珍惜發展這個法則；在心理輔導和治療上，它更是成敗的關鍵。

每一個人都應該覺察到，自己是唯一的、獨特的人。他必須在自己的生命與生活中，找到絕對的意義和價值。人一旦不能自我肯定，而不斷向外追求，就會迷失、不安和瘋狂。唐朝的洞山禪師說：

切忌從他覓，迢迢與我疏；
我今獨自往，處處得逢渠。
渠今正是我，我今不是渠；
應須這麼會，方得契如如。

找到自己，用自己的根性因緣去生活，展現自己的人生，那就是「渠」，就是自己如來的表現。但必須注意的是，人的成就和功名只是表象，而不是真正的自己，所以說「渠今正是我，我今不是渠」。這個如來就超越了我相的執著，進入永生的精神法界了。當一個人的精神生活發展到這個層次時，就跨入「無所從來」的法界。此時人生的成敗得失已經干擾不了他，他生活在真正的自在之中。

本書對教育、心理衛生和生活品質的提升，提出了正向的建議，希望讀者會喜歡它。

於二〇〇五年元月

原序

走出自己的路

每個人都注定要做他自己，用自己手中的彩料，去塗繪絢爛的人生圖像。人只有了解自己、接納自己，實現自己的如來，才能找到法喜、意義和幸福。

人必須活得真實，用自己的本質和資糧來生活。誠如禪家的教誡，如果你是一株李樹，那麼就請你照李子樹來成長、來開花，好好去當圓熟的李子果。如果你是桃子，那你就好好的去成就桃子果。這不同的果子同屬圓滿，都是生命的展現，所以眾生是平等的。每個人都可以獲得快樂和成功。

人必須認清自己，才能決定自己要如何活，這就是如來的真諦。自己是什麼呢？其實你不必多心，你現在的「當下就是」，「它一切具足，用起來非常方便」。其實，現在的你是很豐富的。也許你認為自己很窮，社經地位不如人，或者長得比別人瘦弱矮小等等。乍看之下，似乎缺少什麼，那是因為犯了跟別人比較的錯誤。你如果只顧著跟別人比較，所看到的往往是別人有而自己沒有的東西，這對你而言是一種壓力，甚至會覺得很洩氣。這是一般人常犯的錯誤。

正確的做法是看清自己所擁有的特質，照自己的特質去發展、去成長。每個人所擁有的優點真多，你喜歡工藝那就去學它，學得精，學得好，它就是一門好職業。你喜歡旅行，那麼就到旅遊業工作，在那兒發展。你喜歡當眾博得別人的笑聲，那就好好去實現它，你會成功的。

人注定要依照自己的本質去生活，而不是活出別人的樣子。接納自己，看清現有的環境，走自己的路。依我的觀察，人的煩惱和精神病症，往往出現在對自己的背叛上。人類最大的痛苦是不喜歡自己，不願如實的接納自己；最大的困擾是看不清真實，讓自己活在虛幻之中，而迷失自我。

我們的教育正面臨著一場極大的災難，它的根源是功利和野心。我們慣於用金錢、權勢和社經地位來看人，這樣的思想貶抑了人的潛能、創意、尊嚴和自信，使許多莘莘學子覺得沮喪，覺得被否定。負責教導的父母和老師，卻總是忽略了指引他們走出自己的路。當然，整個教育體制更缺乏這樣的理念。

人不應該被制約在同一個跑道上競技，而是要找出自己的路去成長，特別是一個自由開放的社會，更需要有這樣的教育觀念和設計，這就是道，它很真實，一點也不抽象。

人並非單為成功的事業和追求地位名利而活。生活是一個整體，它包括了基本的生理需求、情感的需要、精神領域的滿足和生命意義的發現，而最高層的部分卻是宗教。宗教的意義，不是一般所謂的信仰而已。就禪學而言，宗是蹤跡，是生命究竟的領悟，教是有關生命意義的教導。宗教不能被貶抑成拜拜或迷信。它應該被現代人重視，而且是文明社會必須重視的教育素材，也是人生的真實課題。

這本書以如來為題，是對於心智成長、教育及基本的精神生活現象，作如實的記述和分析。生命的意義建立在如所從來上，生活的悅樂也建立在如所從來上。人越是活得真實，就越覺得單純喜悅，煩惱的困擾也越少。我們越能看清真實，也就更能如所從來地加以回應。這是一個生命的智慧，也是教育的極則。

你想活得好，就得活出自己的如來。此刻，必也有人要問，經上不是說：「如來者，如所從來，無所從來也。」為何只談如所從來，而未涉及無所從來呢？對的，無所從來源自《金剛經》，它的本義是提醒我們，萬法唯心，一切唯識，本來就無「有所從來」的一切色相。析言之，所有色相的東西如名利地位，生帶不來，死也帶不去，連你自己的自我觀念、價值判斷和苦樂尊嚴，都不是永恆的東西，都只是心和意識的活動。這些只是在人生之旅中，耳聞之而成聲，目遇之而成色而已。在旅途中，看到美景，看到山光水色，你只能欣賞而帶不走它，因此不要過於執著。更何況它是生住異滅，是無常的呢？

因此，如果我們把人生比喻為旅行，那麼你要高興歡喜的旅遊，而不是背負許多財富卻欠缺開心的旅行。如果說人生如夢，那麼要好好用悲智雙運去做好夢，別虛度光陰；如果說人生如戲，那麼就得用慈悲喜捨，去演一齣好戲。當曲終人散時，你要高興地「性朗心空回故鄉」。其實，這「無所從來」的真諦，不正也是如所從來的真實意義嗎？這樣的生活智慧和態度，能令我們積極灑脫，振作而不執著，這正是精神生活的重要關鍵，它是覺者的修持。在這本書裡，也予以涉及闡述。

本書既是為提升精神生活和促進個人心智成長而寫，也是一本教育理念和教育愛的真實之言。這一篇篇精神生活的觀念、反省和記述，曾於一九九五年在《聯合晚報・如來之美》專欄連載，得到熱烈的迴響。有些讀者甚至剪報影印，分送給朋友分享，讓我至為感動。現在已集結成書，相信能給讀者帶來方便和歡喜。當然，我也希望這本書能為大家帶來深度的省思，有益於精神生活的提升和教育工作的提升。

於一九九五年八月

壹 如所從來

人要活得真實，才有快樂和幸福。
就人生而言，如來即面對真實，活得喜樂；
就生命究竟而言，如來便是契入一真法界，
讓有限的生命開展到永恆的無盡義。
所以《妙法蓮華經》告訴我們：
要入如來室、著如來衣、坐如來座。
一方面要用真心實現慈悲、柔和與安忍，創造美好人生；
另一方面，要契會如來的永恆法性，從而獲得大自在。

1 如來的人生

如果我們用野心來鼓勵孩子，用贏過別人來激勵孩子，
那麼孩子就會在比較中迷失自己如來的本質，在競爭中受挫沮喪。

在我們文化的大河中，代代相傳著如來佛的信仰。但生為現代人卻鮮少有人真正了解它的意義。換句話說，大部分的人知道有如來佛，但很少人實踐如來的教誨，得到祂的智慧和啟發。

如來這個觀念，是佛學中最值得現代人珍惜和奉行的真理，同時也是現代教育必須重視的重要課題。因為它能引導每一個人過實現的人生。唐朝的澄觀大師對如來的解釋是：

如來者，無所從來，

如所從來也。

它的意思是一個人必須照自己的本質去生活，這叫如所從來。每一個人都注定要依照自己的能力、興趣、性向和環境條件，去策劃自己的人生，並予以實現。人唯有肯接納自己，了解自己畢竟與別人不同，不與別人比較，才能老老實實地發揮能力，去過自我肯定的生活。

能過自我肯定生活的人，他願意孜孜不倦地從事自己能做的事。他們也許在學成績不好，卻能依自己的性向，學習一技之長，過實現的生活。因此，能夠依「如所從來」去生活的人，心靈上沒有欠缺，沒有不如人的沮喪。他們的生活是自信的、豐足而喜悅的。

每一個人都注定依自己的本質生活，都應該活出自己的如來，都應對這件事有所醒覺。

佛的本義就是覺者。人若能活得清醒，肯接納自己，了解自己，依自己的本質去生活，不活在貪婪和虛妄裡，就能實現如來的人生，這是如來佛的教理。我曾聽過這樣一則宗教寓言故事：

在整個夏季的夜晚，昆蟲的世界總在夜涼的時候，舉行大型的演唱會。各類昆蟲都從四面八方趕來參加，因為只要能在這裡展露歌喉，就是實現牠的一生，同時解脫蟲身，超升天堂。每一隻蟲都被指定依自己的根性參加大會唱，而且盡興的歌唱，然後很高興地超昇。而參加的蟲總是依照蟲神的指揮，盡情地唱自己的歌，因為牠們最適合唱自己能唱的歌。

盛會的前一天，蟲神走到一群由娑婆村來的昆蟲面前，告訴牠們說：「你們來自娑婆村，都很聰明，都該出人頭地，都有十足的才華。不給你們指定歌曲，你們可以選擇自己想唱的歌，記得！要唱得比別人好！」這群昆蟲都很高興，各個絞盡腦汁，想唱出一鳴驚人的歌曲，以得昆蟲界的讚美，並誇示自己的能力。於是，各自練唱，各出奇招，各顯神通。

到了次晚，娑婆村的蟲子雖然賣力的唱，竟然荒腔走調，雜亂無章。會後蟲神仁慈的說：

「好了！你們可以去天堂了！」

但是昆蟲們卻因為拚得疲憊沮喪，他們沒有力氣、更沒有快樂的心情可以登上天堂。

教育也是一樣的，如果我們用野心來鼓勵孩子，用出人頭地、賽過別人來激勵孩子；那麼每一個孩子都會在比較中迷失自己如來的本質，在競爭中受挫沮喪。他們不能自我實現，唱出自己的生命之歌。

2 自我的追尋

無論在事業上、感情生活上、責任使命感上，人不能過分驅迫自己，不能過於勉強。

就我的觀察，每個人都有一股與生俱來的衝動，想要尋找自我。有許多人藉追求別人的掌聲，囤積佔有名利，博得別人的羨慕，以滿足這股衝動，並憑以建立自信心和安全感。因此，他必須向外追求，這構成了一種基本壓力，這壓力是心理動力中很值得注意的現象。

在一定的承受範圍內，壓力對激發世俗所謂的潛能，有正向的促動作用；但超過一定承受的範圍之外，壓力越大，對人心理健康的損害也越嚴重。所謂合理的抱負水準和野心之間的分野；恬淡和嗜慾之間的不同，都可以從這裡看出端倪。

人不能過分驅迫自己，無論在事業上、感情生活上、責任使命感上都不能過於勉強。有的人為了撐場面，把自己弄得拮据不堪。也有人為了面子，跟別人爭得面紅耳赤。更有人為了讀書、考試、事業而過勞成疾。他們都是為了完成一個漂亮的自我，才落得狼狽不堪。

其實，真正的自我是你自己，用你自己的本質去實現自己的人生，才是自我實現，這才肯定了自己。人的一生是用自有的特質去完成自己；是要自我完成，而不是去博得別人的青睞。試想，那種討好別人的日子，怎麼會快樂呢？在心理諮商經驗中，我發現好幾個案例，為了在班上保持名列前茅而拚命用功，又擔心自己比不過別人，最後精神崩潰了。

許多人以為大家都在看他，所以他要在別人的眼裡尋找自己。「我要拚給他們看看」、「要對他們的眼光有所交代」，這看似有勇氣，但基本的生活態度是錯的。有勇氣自我實現的人是為了真實與理想，去完成自己本分的志業。

唐朝時的高僧杜順和尚有一位弟子，跟他參學達三十五年，有一天來向杜順辭行，說要去五台山禮文殊。杜順知道弟子一心外馳，留也留不住，便微笑地說：

遊子漫波波，
台山禮土坡，
文殊祇這是，
何處覓彌陀。

弟子不知此中喻，便離開終南山，往赴五台山。到了清涼山，遇見一位長者。長者問明來意後，卻告訴他：文殊已往終南山教化去了。他問是誰，長者說：杜順和尚是也。他聽了後聳聳肩說：是吾師也。等他趕回終南山時，杜順卻在前一日圓寂，他非常失望，沒來得及看到最後的一面，當面請益。

其實，你的人生就在你日常生活中好端端地存在著，它與富貴貧賤無關，有學歷高低無關，與你的職業也無關。貧的人一樣有歡悅，學歷低的人一樣自在；反之，如果要自找煩惱，那麼富家和博士教授同樣沉淪呻吟。

別往外求，但依當下的因緣好好過生活。你自己心安理得，去過實現的生活才是正念正途。千萬不要千里迢迢地苦苦去追覓虛榮、讚美和青睞，那就注定要迷失和痛苦的。

3 一雨普滋千山秀色

找出孩子身上的優點和特質，鼓勵他，支持他，欣賞他，他們的豪氣就會被鼓舞起來，主動性和光明面也會展現出來。

人的根性都不相同，體能有別，性向各殊，聰明才智互異。教育的主要目的就是要幫助一個人活出自己的根性，依其因緣發展，展現自己的如來本質。有些孩子並不適合繼續讀書，卻具有勤奮認分的特質，引導他學一技之長，就有展開事業的機運。有些孩子讀寫算雖不如人，但他們喜歡為別人服務，學習服務業就能開展其人生和事業。

故宮裡有一件國寶級的玉器；當它還是璞玉時，其色雜而不純，有白、淺綠和深綠，看來自然不起眼。但匠心神運的雕刻師，卻運用三種顏色的分配，雕出一顆玉白菜，栩栩如生，美極了。我相信，當時即使把它拿來雕成玉璽，或者玉玲瓏，它的價值就顯現不出來了。

每一個孩子各不相同，教育就必須因材施教。因材施教就是愛，就是春風化雨，它能讓每個生命，經自己的本質嶄露頭角，開出它的花，結成自己應結的果。唐朝的天柱崇慧禪師有一次答覆弟子問：「和尚是怎麼教化弟子的？」時，禪師說：

一雨普滋，
千山秀色。

這就是說，教育就像甘霖一樣，它一視同仁普育花木，但要讓每一株花木開展自己的根性，實現其豐碩的潛能。

人與人不應相互比較，因為所要實現和完成的目標並不相同。讓自己的孩子跟著別人模仿，無異壓抑了他的主運，這讓他不但不容易成功，而且還會變得不快樂，不曠達。今天，有許多孩子學業成績不好，就被視為失敗，看成頑劣，甚至與前途無望等義，這是一味以學業成績衡量學生的偏見和錯誤。我希望父母和教師都能幫助孩子，看出他們自己的路和希望，協助他們步向光明的人生。《妙法蓮華經》上說：

譬如山川谿谷土地，
所生卉木叢林及諸藥草……
一時等澍，其澤普洽，
稱其種性而得成長。

這段經文表現了教育的極則：每一個人都是尊貴的，都是一塊瑰寶，都應該實現自己的人生，而得到自我肯定和歡喜。教育是要幫助每一個人尋求成功之路。

教育如果只用學業成績來訂高下，許多孩子就會被貶抑。人如果在成長過程中受到歧視，就會發展出敵意和暴力，如果得不到成功的經驗，就會自暴自棄，不喜歡自己。

其實，若能在孩子身上找出他們的優點和特質，鼓勵他，支持他，欣賞他，這些孩子的豪氣就會被鼓舞起來，他們的主動性和光明面也就能展現出來。從研究觀察中發現，那些不能自愛的人，往往也是失敗者。他們看不出自己有什麼能力和價值，對於現實社會心懷敵意，情緒上諸多不滿，這就是社會紊亂和脫序的原因。

教育必須建立在對每一個孩子的個別肯定上。其興趣、能力和特質，都應得到父母和教師的支持和鼓勵。要看出每個孩子的優點和特質，鼓勵他、幫助他，讓他走出屬於自己的人生。

4 一念之間天壤之別

現代有許多人長年覺得憂鬱不快樂，原因就在一念之間；人的禍福成敗，也決定於一念之間。

人是否活得積極樂觀，完全決定於自己的想法。消極的念頭一來，心情頹廢，無病呻吟，很快陷入愁雲慘霧之中。積極的念頭一起，即刻破顏微笑，振作起來。所以禪者常常告誡人們：「萬法唯心造。」

凡事心想事成；每天想著會成功，就產生自我鼓勵，從而激發潛能，實現自己的目標。反之，如果心懷畏懼和退縮，就等於在減損自己的志氣，煩惱憂愁隨之而來，令你一事無成。

佛教有一則故事是這樣的：

有位老太太，生了兩個女兒，一個嫁給賣米粉的，一個嫁給賣雨傘的。老太太天天都愁眉苦臉，因為出大太陽的時候，他擔心賣雨傘的女兒雨傘賣不出去；遇到下雨天時，她擔心另外一個女兒的米粉無法曬乾而長霉。

有一天，一位法師來向老太太化緣；老太太把自己的煩惱向法師訴說，並請求法師教他解脫苦悶。法師說：

「妳的快樂與否，全在一念之間。妳為何不改變一下想法。晴天時想著賣米粉的女兒：太好了，這麼好的天氣，女兒的米粉一定曬得很乾；雨天時，你想著賣傘的女兒生意興隆，那麼就會變得很快樂。」

老太太照法師的建議去做，果然心情好轉。

現代有許多人長年覺得憂鬱不快樂，原因就在一念之間。他們凡事從消極面去想，以致心情沉悶，意志消沉。

人的禍福成敗，也決定於一念之間。佛教裡又有另一則故事：

有一天閻羅王提解兩個小鬼上殿，告訴他們說：

「人間有兩個投胎轉世的機會；一個是所到之處，處處可以伸手向人要錢，另一個是所到之處，處處要給別人錢。兩個機會供你們選擇。」

閻羅王還沒有說完，甲小鬼先馳得點，舉手報告說：

「我轉世投胎，要當一位隨處可以伸手向人要錢的人。」說罷，閻羅王就宣布：

「就此決定，甲小鬼投胎去當乞丐，他可以處處伸手向人要錢。乙小鬼出世去當富人，他可以隨處給人錢。」

沒錯，凡是心懷貪婪者，其心理深處必存在著強烈的匱乏感，他們是貧窮的，即使身懷鉅款，還是覺得貧窮，因此他們所作的決定，往往陷於錯誤。所以人活著需要光明的念頭。雲門文偃禪師說：

三世諸佛，
向火燄上轉大法輪。

意思是說，每一個人都要用光明的心智去生活。光明性是每個人都有的，不過人們總是在懼怕、畏縮和受到利誘時被障蔽了。他說：

人人盡有光明性；
看時不見暗昏昏。

這無疑是一種警語，一念之間，天壤之別。他要大家保持機敏的覺察性，才能展現光明積極的一念。

5 百尺竿頭須進步

當你不被刻板的觀念拘執時，你即刻成為生活的主人，許多生活事物便變得生動起來。

經常有人問我，禪究竟是什麼？我說禪不是什麼，而是在生活中顯現風調雨順。當你把自己的心打開來，不再被成見所拘，不再被自我中心所囿，不再被善惡憎恨所羈絆，你的慧眼大開，看到的便是取之不盡、用之不竭的活潑世界。

以往孩子沒考上大學是一件不幸的事，現在你會發覺，沒考取反而多了一層磨練的機會；過去你覺得自己能力不如人，現在反而慶幸平凡生活的單純之美。當你不被刻板的觀念拘執時，你即刻成為生活的主人，許多生活事物便變得生動起來。

片片秋楓變瑪瑙，
滿目青山皆翠玉。

你會在生活中感受到無盡的富裕。至於拚著老命賺取珠寶，盡藏於銀行保險箱裡，連看看把玩的機會都沒有的人，究竟是主人或是奴隸，已是很清楚的了。

書讀得多，若沒有打開心靈，不過是死讀書而無創意；錢賺得多，若不懂得善用，金錢會障礙你的好運和幸福；空閒多了，若不知進德修業，閒暇之後必然生悲。所以，一味想要填滿的人，由於欲望無盡，所以會拚得筋疲力竭。即使一時滿足於自己的豐收，也將落入封閉的迷失。所以，要打開自己的心，讓它透脫活潑。唐朝景岑禪師說：

百尺竿頭坐底人，

雖然得入未為真；
百尺竿頭須進步，
十方世界現全身。

讀萬卷書行萬里路，仍能保持虛心；不讀一字、不名一文也不失去尊貴，那是大自在。所以在百尺竿頭內是方內人，在百尺竿頭上跨得一步出去的人，卻是方外禪者。因為他能看出生命的全身，生活的無盡妙意，那是開悟了。

被名利牽著走，必是封閉的心。因為他的意識被名利構築的防禦碉堡所困，走不出去，失去自由，終有一天會窒息其中，生活創意不再，活潑的精神自然失落。所以有不少富裕的現代人憂鬱不樂，看不出生活有什麼喜樂，看不出人生有什麼希望，索性埋在聲色或麻醉藥品之中。

現代人應該學禪正是這個原因。因為禪能幫助人開悟，令其活得更精進喜悅，看出豐富的意義和出路。唐朝的茶陵郁和尚，百思不解「百尺竿頭如何能進一步」，卻在邊想邊走中跌倒了。他起身來把身上的灰泥撣除的那一剎那，卻發現不被百尺竿頭限制住的空性妙理。他開悟了，打開自己的慧眼，看到無盡的明亮和喜樂，於是作了一首偈子說：

我有明珠一顆，
久被塵勞關鎖，
今朝塵盡光生，
照破山河萬朵。

現代人！打開你的心窗吧，讓清新流入你的世界，讓活潑歡喜流入你的人生。

6 莫讓讚美亂了心

讚美能激勵一個人奮發努力，
可是，讚美卻也是一帖迷幻藥。

人人都喜歡被讚美，所以每一個人都要學會欣賞別人、讚美別人。懂得讚美的人，分寸拿捏得恰到好處，聽起來很自然，如春風拂面，能滋潤人的信心和英氣。

讚美能激勵一個人奮發努力，促進其自我功能的發展。不過，讚美卻也是一帖迷幻藥，太多灌迷湯式的讚美，對於成長中的孩子，乃至年輕人，則容易造成對讚美的依賴。依賴讚美的人有以下幾種悲情：

● **凡事沒有人讚美就失去樂趣，因此自動自發性低。**

●易受輿論左右，很難堅持原則。

●對讚美依賴越多，是非越難明辨，判斷也易出錯。

●在受到批評時，容易陷入不安的情緒干擾。

讚美像一杯美酒，嘗起來特別甜美，但很容易醺然入醉。適當的讚美好像疲勞時的淺嘗小酌，促進血液循環，令人振奮。什麼叫適當的讚美呢？我的建議是：

●針對別人的優點作真實的陳述，表示對他的能力、態度和價值觀念的欣賞。

●說出你自己對別人優點的感受。

●說話不要灌迷湯、說太多形容詞。

●讚美的時間和表達的態度要恰當。

在教育上，無論是父母或教師，都喜歡使用讚美。教育學者也提倡用鼓勵和讚美來代替責罰。這個原則沒錯，但若作了不適當的讚美，那就會使孩子養成過度依賴讚美的毛病，或使讚美對孩子壓根起不了作用，流為耳邊風。

在心理諮商經驗中，我發現讚美和批評一起使用，更容易培養出依賴讚美的性格。有一次，一位大學生來找我商談，他帶著強烈的不安和情緒困擾，在談話中我發現，他的家庭用了過多的讚美和批評，試圖支配他的決定。他經常對父母兄弟說出自己的生活點滴，以為家人會和他一起分享而得到讚美，但沒想到經常得到一句，「你又錯了，你真是不會做人……」長期活在期待讚美和受到冷嘲熱諷的環境中，他的人際關係越來越不自在，見到人就緊張，他怕出錯，更怕別人不喜歡他。

教育應該在日常生活中，以平常心去指導孩子心智成長，而不是透過讚美來操控孩子。讚美一旦變成操控，就等於犧牲孩子的主動性和自發性。

對孩子的讚美不應該涉及評價，因為評價的讚美有害而無益。這無異於是替孩子著色，孩子會執著在被指定的色相裡走不出來。因此禪者告誡我們要「了了分明，不涉是非」。僧璨大師在《信心銘》中說：

才有是非，
紛然失心。

在教育上要把正確的行為說分明，示範給孩子看，但不要應用評價或含糊的讚美，像「你是乖孩子」、「你很聰明」之類的話，都是評價性的「是非之語」。它不如「你懂得幫我招待客人，我很高興」、「你能先蒐集資料再作研判，這是科學方法」，前者不能啟發心智成長，後者明白地肯定和支持正確行為，這才是真正的讚美。

正確的讚美越多越好，它使人振作而明白事理；錯誤的讚美會造成依賴和失去主動性，它是情緒困擾和壓抑潛能的原因之一。

7 從痛苦中覺醒過來

現代人的痛苦，並不因為物質豐富和經驗發展而有顯著的改善。為了不斷成長，卻忘了生活才是真正的目標。

人活著就要工作，要接受挑戰，面對許多困難；如果要求生活事事如意，天天快活，那是不可能的。因此生活的本質是刻苦，是承擔，是在努力承擔中發現快樂，這就是苦中作樂，是很正常的生活態度。反之，如果天天不快樂，憂鬱苦悶，內心裡不斷有衝突，那就該好好檢討了。

我認為現代人的痛苦，並不因為物質豐富和經驗發展而有顯著的改善。更恰當地說，生活環境的改善，在疏於精神生活和文化陶冶下，反而增加了新的痛苦和掙扎。根據調查發現，有四分之一的人口有精神官能症，憂鬱不快樂的人為數也不少。

依我觀察，現代人精神生活的最大問題有三：

- 對自由的誤解
- 競爭與忙碌
- 功利與過度追求成長

談到自由沒有人會不贊成，但生活在自由開放的社會裡，面對琳瑯滿目的選擇，種種媒體、意見和價值觀念，都必須靠自己做出正確的選擇，並為自己的決定負責，否則就會迷失自我，就會產生矛盾和衝突。

其次是強烈的競爭和忙碌。我們的國民從小開始接受升學競爭的煎熬，長大了又要在現代化企業體系中，做一個忙碌的工作者。忙碌、競爭、組織嚴謹的企業機構和政府官僚體系，對於人們的心理健康本來就不利，若缺乏適當的調適，精神生活的品質就會越來越差。

其三是我們太功利，過於追求成長率和效率。許多人把自己的精元都壓榨出來，經常疲憊不堪，心力耗竭，因忙碌而失去休閒，為了工作而忘了生活情趣，身心健康狀況甚不理想。

禪家總是提醒人們，要重視生活本身的樂趣，不要為了工作而否定生活。古代有一位叫陳道婆的修行者，有見於樵夫忙於打柴，而忘了生活與工作中所蘊含的情趣，因而感慨地寫下這段話：

高坡平頂上，
盡是採樵翁，
人人各懷刀斧意，
未見山花映水紅。

這則禪偈對現代人而言，不失為金玉良言。我們為了自由卻嬌縱自己為所欲為，被物欲奴役卻不自知。為了與人一較勝負，一心想要贏過別人，卻賠掉了自己生活的品質和恬淡自在的愉悅。為了不斷成長，卻忘了生活才是真正的目標。我們該有所覺醒，否則將會在精神生活層面上，付出慘痛的代價。

8

培養你的慧眼

成敗貴賤，都是生命的資糧，
如果我們沒有失敗的經驗，怎麼會有成功呢？

人活著，每天都要處理許多事情，面對各種挑戰，事事物物都是真理。要真實地面對它，看出它的真相，把握光明入裡的契機，事情做起來就容易許多，即使是逆境也會是一種新機運。

有一次，一位父親陪著念大學的兒子，神情凝重地來找我。因為孩子的在學成績有二分之一不及格，特地來問我怎麼辦，希望我能向學校說個情，給他機會。我知道學校的成績一旦公布就不太可能更改，我也愛莫能助，只能安慰他，聆聽他們失望沮喪的心聲。

當我送他們到門口，一股徬徨無奈的心情也襲上我的心頭，初春的天氣是冷的，挫折與失敗是冷的，這位青年的表情也是冷的。我忍不住拉住他的手說了幾句話：

「年輕人，這個挫敗對現在的你而言，是很痛苦的感受；它令你前途茫茫，不知所措。不過，若把眼光投注在整個人生來看，這件事可能是一種新機，它似乎很篤定地告訴你，有一條全新而適合你走的路在等待你，要好好珍惜它才對。在你五十歲時，回首前塵往事，你會說當年二分之一死當的事，反而引導你走向亮麗的人生。

「你要有這樣的慧眼去看失敗，也許你就要去服役了，好好的服完兵役，爾後也許你又回到大學念書，或者進夜間部半工半讀；磨練了毅力，增強了見識，豐富了生活經驗，更了解待人接物，就因為這樣你才有強壯的翅膀，飛得高，飛得遠，正因為你有過冷酷失敗的考驗，你才能更堅毅，更能了解失敗和徬徨是什麼，而能承擔大任。

「一次二分之一不及格不算什麼，也不是什麼可恥的事，問題是要看清它給你的啟示和意義。朋友！打起精神來，看清前路，腳踏實地的走下去，路是人走出來的。

「不要被惡劣的情緒把你誤導，要用慧眼看出真相；無論如何，就讓它只是一次挫敗，不要讓挫敗侵蝕了你聰慧的心，就當它只是一次轉折，不要讓轉折損及你的信心和豪氣。」

站在我面前的年輕人，漸漸從絕望的暮氣中舒緩過來。佛光似乎普照到他的精神世界，我看到他的眼睛閃爍著新亮，嘴角輕掛著一抹略微的笑容，我看到他正跨出新機的第一步。

父子兩人離去，我卻想著：成敗貴賤，都是生命的資糧，如果我們沒有失敗的經驗，怎麼會有成功呢？唐朝洞山禪師的詮釋是：

兩刃交鋒不須避，
好手猶如火裡蓮，

宛然自有沖天志。

我回味著洞山禪師的警句，也引導許多人契入這生活的真理，培養其明亮的慧眼，在挫敗中重振其沖天之志。

9 面對批評

對付批評最好的良方就是不生氣，
要把自己的身段壓低，這時你才能夠冷靜思考。

大部分的人都喜歡批評別人，不喜自己被批評，正因為如此，人們經常禍從口出，你來我往，反唇相譏，互相傷害。敵意像烈火一樣蔓延，憤怒令人失去理性。

其實，別人給你一些批評，未必完全沒有道理，只要你避免老羞成怒，沖昏了頭，就能從批評中咀嚼出一些道理來：從中學到新知，得到避免錯誤的警策。也許你受的批評是空穴來風，是惡意的攻訐，你也要冷靜，這才能設法澄清。

對付批評最好的方法是冷靜，而不是激怒失控。因為憤怒的情緒就像烈火濃煙，能燒掉新機和福報，禪者把它稱做黑風。

唐朝代宗時的宦官魚朝恩，為了學禪，學習寧靜致遠的修養，特地拜見當時的高僧藥山禪師。有一天魚朝恩問藥山禪師說：

「禪師！在《觀世音菩薩普門品》這部經中有一段話說『黑風吹其船舫，漂落羅剎鬼國』，請問什麼是黑風？」禪師沒有回應他，卻當著大眾面前說：「魚朝恩！你怎麼會愚蠢到連黑風是什麼都不知道？」魚朝恩非常憤怒地站了起來，正要罵出來時，藥山禪師及時制止說：

「停！停！這就是黑風。」於是藥山為他指出，人若想運籌帷幄，致勝千里，就必須避免黑風的吹襲；黑風就是憤怒的情緒。

因此，對付批評最好的良方就是不生氣，要把自己的身段壓低，這時你才能夠冷靜思考。

有次在談司法改革的座談會中，為了法官自治的制度，名教授蘇永欽先生被批評為保守，沒有新意。有人舉個例批評說：「你就像準備好了行李，走到自家門口再折回，卻說已經旅行回來一樣荒謬。」他聽了卻不動聲色，直到最後才把握發言，陳述理由。最後他說：

「各位！你們既然用比喻，也請讓我打個比喻：有一個家庭，客廳裡擺了一套高雅的家具，它有稜有角，因此孩子年幼時很容易撞得身上青一塊紫一塊。現在孩子長大了，那套家具用起來很方便，為什麼反而找工匠來要修改它，把高雅大方的稜角截掉，失掉它完整的全貌呢？」

聽到這樣的對話令我很感動。對於司法制度我不懂，但我相信如果大家能平心靜氣，不讓批評化作黑風，我相信就能裁度出一套好的司法制度來。

對付批評的方法有二：其一是放低身段，其二是冷靜的思考。低姿態就不會被強風吹折，冷靜思考就能以理服人。

10 別過度心理防衛

人要懂得面對真實，接納真實，否則會陷入強烈的虛妄，導致過度防衛。

就心理生活而言，每個人對別人的批評，總免不了要自我防衛一番。其實，一定程度範圍內的心理防衛，是保持自我統整的自然現象，但若防衛過度，處處都在保護自己的面子，維持尊嚴，怕別人認為自己不行，怕得不到人家的肯定和讚美，那麼心理壓力會很大，生活得很痛苦，情緒也會顯得焦慮。

一位先生作諮商時，回憶起一樁令他忿忿不平的事。他說，有一天他拿著一篇古文請教一位教國文的同事，沒想到被同事狠狠地罵了一頓：「你存什麼心，想要考我嗎？」他這位耳順之年的同事，竟然突然大發雷霆。他回憶說：我被嚇到了，一時覺得不知所措。事後同事雖然向他道歉，但從小怕與人交談的現象就越來越嚴重了。

在這則個案裡，兩個人都是過度防衛者，一個時時刻刻覺得別人要考他，在窺視他，在找他麻煩；另一個人則怕別人生氣，只要看到別人發脾氣、批評或不支持他的意見，都會使他畏縮害怕起來。防衛性過強，使人一味自保，而不去看清問題的根源，結果一方面給自己很大的壓力，另一方面也造成心智發展的困境，因為他失去學習的主動性及與人交往的自主性。最嚴重的是：他不斷為自己護短，或者持續地退縮；護短的結果是人際關係破壞，退縮則造成自我功能的漸漸流失。

在實際諮商中觀察，怨偶的爭吵，經常可以找到防衛過度的心理現象；同事間的口角，乃至家庭成員的惡臉相向，都是因為防衛過當而起。

不瞞你說，防衛過當的最大原因是自卑。有時自卑會被忘掉，特別是在成年之後，有了一定地位或成就時，就變成了誇大和對別人的苛求，這也是爭吵的起因。我認為人若想活得快樂，人際關係融洽，溝通沒有困難，還是要從接納自己、真實地了解自己著手。人越是不能接受自己的現實，就越會偏離正常的生活軌道。唐朝長慶慧稜禪師，在發現這道理時，作了一首偈子，很受他的老師雪峰禪師的讚賞。他寫道：

萬象之中獨露身，
唯人自肯乃方親；
昔時謬向途中覓，
今日看來火裡冰。

人最重要的是看清真實，也要能自我肯定，這樣對自己和對別人都會更和睦。如果要從虛假的一面去尋覓真我和尊嚴，那就像在火裡找冰一樣地荒謬。人要懂得面對真實，接納真實，否則會陷入強烈的虛妄，導致過度防衛，這會破壞幸福人生，也會導致人格的違常。

貳

愛心之路

生命的本質就是愛。

有愛心生命才得到撫育、延續和照顧，

有愛心生命才得到溫暖、支持和喜樂。

愛心就是慈悲和智慧，

透過「悲智雙運」，生活才顯得活潑有生氣。

愛不但是人生路的主軸，同時是能力和智慧的根源。

有了愛心，我們才能有把握活得好，

活得有希望、有意義。

1 愛是沒有條件的

人要能自愛，也要能愛人。
沒有條件的愛就像陽光一樣，是人類最珍貴的本性。

愛是生命世界的活水源頭，生命因為有愛而成長，精神生活因為有愛而振作歡喜，社會活動因為有愛而和諧幸福。

愛是沒有條件的。有條件的愛，通常只是一種佔有或交易，它會把所愛的人或事，變成欲望的手段。有條件的愛，如果用在教育上，會是揠苗助長，會透過功利觀念而產生壓力，最後不是給予成長的機會，而是造成扭曲和僵化。

有條件的愛是欲望的轉換，它不會是有能力的愛；既不能發溫馨的滲透力，去沃壯所愛的人，更缺乏優美的人性光輝。

在我的諮商經驗中，常有父母很絕望地對我哭訴孩子前途無望，為其成績不好而發愁、發怒，甚至為了強迫性督導而起衝突。每當我面對這類個案時，腦海就浮現一幅圖畫。曾在我家附近的公園裡，見到一位母親陪伴著智障的孩子散步，逗著他玩，給他生活上的情趣。那人人認為是白癡的孩子，卻在母親的慈愛笑容和眼神中，看到他生活的喜和樂。這位母親慈祥安靜的臉露出笑容說：「他是我兒子，我愛他，沒有挑剔，也沒有條件，我接受他成為生活的一部分，有時間就一起玩球，一起散步。」

沒有條件的愛就像陽光一樣，是人類最珍貴的本性。佛陀在《阿含經》裡說了一則寓言故事：

森林裡有一頭六牙象，善良雄壯，樂善助人，有一個獵人在森林裡遇難受重傷，六牙象將其救起並送回村落。不料這個獵人傷癒後看到國王的詔示：凡獵殺六牙象，摘取象牙入貢者有重賞。獵人起了貪念，偽裝成善良的修行者，潛入森林接近六牙象，用毒箭射殺了他。

當六牙象中毒倒地時，象群即刻圍攻獵人，霎時危機四伏，身為象王的六牙象卻伸張他的腿抱著獵人，保護他免於受傷害，示意象群退去。六牙象問獵人：「你為何要傷害我？」獵人慚愧地據實以告，是為了取牠的六牙。於是大象自行折斷牠的六牙，送給獵人，並說：「以此布施實現生命的光彩，我當成佛。若我成佛，首先會回來救助你，把你心中的貪、嗔、癡三支毒箭拔去。」六牙象的愛是沒有條件的：牠沒有因為獵人的惡行而仇恨，也不因為舊惡而不給予救助。

這種大愛是偉大而且感人的。現代人似乎很缺乏這種無條件的愛，特別是在教育上，不少父母和教師都是因為孩子的成績好才喜愛孩子。如果孩子成績差或者犯了錯，就不喜歡他，對他說失望的話，甚至對他表示絕望與不屑。我知道許多孩子並不那麼適宜讀書，但他們卻各自具備自己的才能，只要大人能給他愛和鼓勵，就可以走出自己的一條路。但是，很不幸的，大人普遍被功利的曲念蒙蔽，在孩子求學挫折時，也同時失去愛。這是很遺憾的事。

愛是引導一個人心智成長，和溫暖每個人生命力的醍醐。它不應有界限，所以是博愛；它沒有條件，所以是大慈悲，這才能像太陽一樣照亮大地，給人生帶來溫馨和活力。

2 家是孩子的先天

幸福的家是孩子成長的沃土，
是社會安和的根，是和平世界的翅。

一九九四年國際之間有鑑於家庭功能日益不彰，怨偶增加，離婚率上升，親子疏離，青少年犯罪增加，於是呼籲大家重視家庭幸福與功能，為社會的根扎點厚實的基礎。

這一年佛教與天主教在彰化靜山修道院辦了關懷宗教與家庭研習營，參加的都是夫妻檔，我應邀就佛教與家庭生活，作一場經驗分享的演講，在會中我提到夫妻就像佛陀所說的共命鳥，一個身軀兩個頭，婚姻的存續就像是身軀，兩個頭就像夫妻，雙方保有獨立的思想和應有的尊嚴。家庭是兩個人所組成的共同體，必須互信、合作、相愛，而不是自私、對立、傾軋。

現代人很講究平等，夫妻維持平等關係是天經地義的事，同時也是家庭幸福最好的保障。不過最近流行的一些觀念，確有斟酌的餘地；許多人把平等解釋成斤斤計較。夫妻回家為了做家事而計較，為了處理財物爭平等而各不相讓，結果為了平等而惡臉相向，為爭平等而彼此離心。這就是本末倒置，得不償失了。

我認為夫妻的平等如果建立在天秤上，看來雖很精確，都不會吃虧，但到頭來兩人斤斤計較，拿著法碼移來移去，雙方就有了起伏的情緒暗潮，日子久了，自然會破壞情分，彼此離心離德。所以，要建立夫妻平等的家庭，千萬不要抱著天秤爭斤論兩。它會令人爭執不休，面紅耳赤，而使沒有條件的恩愛逐漸流失，不但失去情趣和互信，還會同床異夢。

另一方面，如果夫妻的關係就像鳥兒的兩個翅膀，為一個身軀而努力，在空中隨著氣流而相互配合，時而一起調整仰角，就能升高瞭望，美景盡收眼底；時而一伸一縮，就能急速調整，尋找到要去的方向；時而平伸無事，閒適時飄翔得既悠且遠。兩個翅膀共一個心，互相配合，形成一體。我看過的幸福婚姻都建立在不計較、相互配合及尊重上的。

夫妻要同心互愛，為一個家庭而分工努力，並尊重彼此的事業發展和尊嚴。唐朝的臨濟大師說：

心隨萬境轉，
轉處實能幽。

夫妻要活潑的互愛，為家庭幸福和事業共同努力、相互配合，彼此寬容忍耐，就能轉順轉利，那麼悠閒的夫妻關係就可以培養起來，所謂鳶飛魚躍的自在和喜樂就能實現。

幸福的家是孩子成長的沃土，是社會安和的根，是和平世界的翅。幸福家庭建立在同理與合作，不是建立在計較和爭奪。

3 朝朝宣宏旨

教師的愛就像陽光，照亮學生眼目，令其看出人生的希望；就像雨露，能沃壯一切有情眾生，令其歡喜成長。

一九九五年的六月，我應邀到台中慈濟分會演講，聽講的都是教師，人數達千餘人，講題是「教師的大愛」。演講一開始，我先陳述每一位教師都有愛心，這是毋庸置疑的。所不同的是，有些人給予學生的愛是有能力的，有些人所給的愛是沒有能力的。

有能力的愛能帶給學生溫暖、信心、安全和啟發；教育的結果是心智得到成長，人格被沃壯，解決問題的能力逐漸豐富。反之，沒有能力的愛只是一種期許，但並沒有幫助學生。他們或許施以嚴格的管教，或者施以放縱的溺愛，學生心智沒有得到啟發，能力沒有得到磨練，甚至造成負面的效果。

教師的大愛就是有能力的愛，在演講中，我提出幾個教育愛的原則如次：

●要有禪定的功夫，不要被頑皮的學生激怒，才能理性地回應學生，產生教化的效果。

●要有慧眼，能看出學生的優點和亮點，予以支持與鼓勵，建構其健康的自我觀念，並開發其才能。

●要有神通力，能了解學生，知道他們的心情和需要，因勢利導，教學一定能成功。

教師們全神貫注地與我分享教育愛的經驗，他們坐在蒲團上，像菩薩一般，綻放著佛家悲智雙運的氣質，使擔任講者的我，也像入於蓮華三昧一樣，只覺一眨眼，一百分鐘的時間就過去了。

事後，有一位教師問我說，「我很喜歡你的演講，也願意接納實踐有能力的愛。不過，我想請教你如何成就菩薩道。」我說，「實踐有能力的愛，在教育園地裡慈航普度，即是大悲大覺的菩薩道。」每天啟發學生，就是創造，就是參天地化育的喜悅，也是豐富的生命意義。有一首禪詩說：

乾坤揭主榮，
蒼穹布化工；
朝朝宣宏旨，
夜夜傳微衷。

教師的愛就像陽光，照亮學生眼目，令其看出人生的希望；就像雨露，能沃壯一切有情眾生，令其歡喜成長。這就是「朝朝宣宏旨，夜夜傳微衷」的偉大師愛。

4 教導者的視野

每一個人的根性都不相同，就像花草樹木各不相同，學校不是只培養會讀書的孩子，而是要培養各類不同資質性向的孩子。

教化要像上蒼普降甘霖一樣，讓大地所有花草各得滋潤成長。因此教育不是要把孩子教成什麼，而是讓孩子各自依其個性因緣，得到肯定，得到應有的發展。

現今的教育太注重考試成績，而不重視孩子個別能力的發現和培養。孩子一旦成績不好，就被認為不行，久之他們有了自卑，在人際關係上發生困難而自暴自棄，對人便有了敵意。結果，在學校裡既學不會多少知識，自己本質的天賦又沒有得到重視，這是今日教育最大的盲點。

有位朋友的孩子因為成績不好，經常挨打。他的學校生活是枯燥、懼怕、不知道自己學些什麼。雖然他會打毛線、會幫媽媽做家事、會照顧弟弟、會做些手藝，但這些才藝學校並不重視，而老師重視的學業他又交不出好成績。他覺得自己與老師的關係比路人還糟，因為路人至少不會瞧不起自己。有一天早晨，他背著書包走到門口，又折了回去，坐在客廳的沙發上放聲大哭起來。他說，「我實在不願意上學，但我不上學又要做些什麼？」

有一位剛剛進小學的孩子，我跟他談到學校生活，問道：「你知道學校為什麼要考試嗎？」他的回答很簡單，「老師要找該罵的學生。」大人把教育視為只有念書是一種錯誤，用打罵的方式來督促學生更是錯誤。

讀書不是每個孩子都能有好成績，但成績不好的人，應該從學校教育活動中培養他的個人興趣、能力和特長，讓孩子能覺得自己有用，也有可跟別人一較長短的地方，能得到老師或父母的讚美和肯定。

在《妙法蓮華經》中說道，每一個人的根性都不相同，就像花草樹木各不相同，甘霖普降，各得成長，故云：

一雲所雨，
稱其種性而得成長。

這是說有慧眼有慈悲心的教師，能施予學生「有能力的愛」，既能看出孩子的天賦、興趣和性向，又能實地去鼓勵他、支持他，讓他們各自走出自己的路。

教師的視野要寬；學業成績表現不良的孩子，必然在某方面有其特長。要發現孩子的優點，多給他鼓勵。每一個孩子生來都有他的任務，他們都能對社會做出貢獻，社會也需要各種不同才能的人。

學校不是只培養會讀書的孩子，而是要培養各類不同資質性向的孩子。

5 看出優點來

憂鬱、退卻、自卑乃至自我傷害的共同現象是：看不出自己生活中值得珍惜的層面。

教導的本質就是要發現孩子的優點，肯定他，支持他，鼓勵他。幫助孩子透過自己的特點，建構健康的自我和自信心，再進一步提升其自我功能，培養主動學習的態度和基本能力，這是教導的捷徑。

父母若長期用指正或責備的方式教育子女，孩子遲早會產生自暴自棄或缺乏信心的現象。反之，如果能多注意優點，表示對他的欣賞和喜愛，那麼對缺點的指正便很容易被接受。

在心理諮商經驗中，我發現憂鬱、退卻、自卑乃至自我傷害的共同現象是：看不出自己生活中值得珍惜的層面。更具體的說，他們習慣性地疏乎自己或事件的優點，正因為如此，才表現出消極的態度，生活才樂觀不起來。而這種消極性的思考習慣，大抵是從父母或師長的態度中學來的。

每一個人都要借重自己現有的優點，去發展積極振作的豪氣，孩子的優點一旦被抹殺，無異是對他的否定。因此，父母和教師要多關心每一個孩子的優點。唐朝的藥山禪師曾說：

灼然一切處，
光明燦爛去。

只要對自己有信心，多從優點去著眼、去發揮，自然會有好志氣。

一般人有一種錯誤的習慣，先把一個理想化的目標擺在眼前，再拿子女跟它比較，越比越覺得子女差勁；在恨鐵不成鋼的心境下，開始責備他，批評他，最後把孩子批評得一無是處，而孩子就拿這些一無是處的資訊，去拼湊成他的自我觀念。當然，這樣的自我觀念是他不喜歡的，是他想逃避的，是每天想摔掉它的心中最痛。

今天的教育著重在不斷的考試，那些讀寫算老是考不好的人，他們的天賦也許是誠實、負責、認分、踏實、手巧、仔細、和藹、美感、知人等等，卻很少人注意他們的優點，肯定他們的天賦，這是教導上最需檢討的一面。

我認為教師和父母必須要有慧眼，從看出孩子的優點中去教育孩子。一位老師告訴我說，他班上的一位學生功課差，不聽話，脾氣倔強，頭髮太長，幾次要他理髮還是不聽。這位老師只告訴他說：

「孩子！能堅持是生活中很寶貴的特質，它是成功生活的必備要素，你就具備有堅持的性格特質，這很難得。不過，所堅持的東西得要有價值，例如堅持誠實的原則，堅持正義，堅持把工作做完，這些堅持能令你成功，令你活得有意義。我知道你可以走出自己的一條路來。至於頭髮長了，就該找時間理一理。」

兩天之後，孩子理了頭髮。老師拍拍他的肩膀說，「我知道你會好好運用你堅持的性格特質，去成就你的事業與人生。」

生活教育不是挑毛病的指責，而是看出孩子的優點，是畫龍點睛的藝術。因勢利導，孩子的心智成長自然水到渠成；強制管理，在生活教育上往往會產生反效果。

6 活生生的教導

大自然的一景一物，生活中的種種現象，
都能現教化的廣長舌相，都能啟發我們看到真實和澄淨事理。

教學是活的，學習也是活的。生活之中每一件事，信手拈來都是教材；如果不能把握這點，教導與學習的機會隨時都在流失，那就是生命的大浪費。我認為教育不是只有死讀書，而是要活學習，要在日常的食衣住行、待人接物中接受啟發，獲得心智的成長。

最近有位家長跟我閒聊，他念國中的孩子班上，同學們為了爭取一週一次穿便服的榮譽，大家都很重視整潔和秩序。學生們自我檢討，自訂規範，從議事討論中建立班規，從互相勸導到自我約束。雖然免不了會有爭議，但他們正摸索著學習民主生活的態度。他慶幸孩子能進這樣的學校，受這樣的活教育。

學校裡，孩子們一旦因表現良好而得到穿便服的榮譽，便雀躍興奮，回到家裡就有許多話題和歡笑。在班上他們分享穿著的經驗，雖然他們的觀點未必全是正確的，但從討論衣服、價錢、流行款式之中，確實學到許多穿的基本認識。他們在老師的指導下，討論穿的合宜性、經濟性和流行性等等，有時連質料、色澤和搭配都成為學習的話題。

當然，這樣一來教師就多了一些工作；有些孩子會炫耀自己的新衣，那就要有技巧的輔導，導正其觀念；有些孩子因沒有「像樣的衣服」而沮喪，要安慰和開導，學習適應。學校的出發點是，從中進行活的生活教育，教師的工作當然也就加重了。

學校實施這樣的教育，是值得支持和讚美的。它不但能獎勵學生守秩序，建立教室規範，同時也從學生的穿著中，發現許多值得教導的內涵，如：價值觀念、穿的禮儀和生活基本調適等。相對的，教師也會更了解學生的想法，師生互動的情況會更親切。

他說得栩栩如生，我聽得陶醉神往。這觸動了我的靈感，也說了一則佛經上的故事，表示同樣的觀念：

有一次，文殊菩薩要他的高徒善財童子去採藥，「只要有益於人生的藥，都可以採回來。」善財童子走到屋外又折了回來說：「遍觀大地，無有不是藥者。」

文殊菩薩說，「那麼請全部採回來吧。」於是善財童子在戶外順手摘了一株草送上，文殊菩薩拈著這株草對善財童子說：「此藥能殺人，亦能活人。」

生活之中，順手拈來都是很好的藥，都能治病益身，隨處事物都是好的教材。只要懂得研究、觀察和討論，處處都有好的醒發。反之，許多生活經驗卻帶來惡習、衝突和紊亂，那完全要看你如何運用這些生活素材。我又引了宋朝蘇東坡的詩說：

溪聲盡是廣長舌，

山色無非清淨身。

大自然的一景一物，生活中的種種現象，都能現教化的廣長舌相，都能啟發我們看到真實和澄淨事理。

我說得正高興時，發覺朋友驟然嘆了一口氣，我驚訝地問有何不對，他說：「你說得太好了。可是很不幸，新校長已決定取消它。昨晚，孩子拿著便服沮喪的說：『再見了！這是最後一次，便衣終結者說的。』」我也默然不知道要說什麼。短暫的沉寂後，我又燃起希望說：「新校長也許有更好的點子，等著瞧，他應該也知道『遍觀大地，無有不是藥者』的道理，要不然怎麼會是一位教育家呢？」

7 不說破的智慧

不說破，就好像偷偷把寶物放在對方的口袋，
讓他在偶然伸手撫摸到它時，感覺無盡的欣喜和受用。

有錯則改，這是心智成長之道。不過，要對人指正錯誤卻是一件需要大智慧的事。明白的指正容易起衝突，不直說又怕對方不知道，所以說破與否，全看你一時的定奪。直說的好處大家易知，不說破的大用則鮮為人知，所以我要談談不說破的道理。

唐朝的香嚴禪師，是一位學識很通博的禪者，有一天他的老師溈山禪師問他：「我不問你知解之事，而要問你未出娘胎未辨東西時本分事，看看你是否開悟。」香嚴答不出來，幾次請教老師都不肯替他說破。溈山禪師說：

「我說的是我的開悟所見，說給你聽有何益？」

香嚴知道自己在經義上的知解，不能有助於開悟，於是放下經典，離開溈山，去當一位行腳僧。來到南陽慧忠國師的遺跡，就在那兒住下來。有一天，他在田園除草，把石塊丟到田邊，不經意擊中竹子，發出清脆的聲音，霎然醒悟。於是回寮房沐浴，焚香禮向溈山，感謝他沒有為他說破的大恩大德，給了他真實的開悟機會，於是述說了一首偈子：

一擊忘所知，更不假修治，
動容揚古道，不墮悄然機。
處處無蹤跡，聲色外威儀，
諸方達道者，咸言上上機。

香嚴悟入「不生不滅」的法界。他看入不出娘胎時的自性如來，而且是親嘗到它。

禪師懂得這種教法，將悟的機會留給學生。父母親或老師，也要善用這種教法。我小的時候，曾經偷過母親放在針線盒裡的五毛錢花用。過了幾天，母親找不到五毛錢。她趁著我坐在身邊時，翻箱倒櫃地找了好久，只是喃喃自語地重複說：

「明明放在這裡，怎麼會找不到。」

她壓根兒就沒有看我一眼，也沒問我有沒有偷錢，更沒有告誡我不能偷錢，但我再也不敢偷錢了。

有一位母親告訴我說：「我兒子的數學老師常常說他想不出來怎麼解答，沒想到我兒子用了一晚上去想它，終於解出來了，我兒子比老師還行。」我笑笑地說：「你真有福氣，有個聰明的孩子。」我也沒有為他說破，那位有智慧的老師使用不說破的方法，啟發了孩子們的數學思考。

不說破不是處處可用，但善於運用它，可真是高妙之至。

8 成長的機會

若缺乏責任和清醒的思考，則似是而非的觀念，就會給社會帶來新的迷思和困境。

生活在自由開放的社會裡，每一個人都有權利表達不同的意見。不管是對是錯，只要有意見就可以說出來、寫出來。我認為言論自由誠然可貴，但若只重自由，而缺乏責任和清醒的思考，則似是而非的觀念，就會給社會帶來新的迷思和困境。

幾年前各縣市警察局執行旭日專案，臨檢深夜留滯不當場所的青少年，將他們帶回警局，通知家長領回。各縣市也配合將其中在學的兒童和少年，由學校指派教師給予輔導。這是協助青少年避免深夜不歸和蹉跎歲月的做法，對於兒童青少年是有益的。不過，在媒體上卻有人公開批評或質疑說，我們只會要求少年深夜讀書，為什麼不可以讓他們去休閒場所？這些場所既非什麼不良場所，警察機關憑什麼取締少年的消費，而影響這些行業的生意。

這些似是而非的言論，使十八歲以下喜歡夜裡逗留遊樂場所的青少年，有了新的藉口；他們更理直氣壯的逗留到深夜，以後連父母也約束不了他們。

有一位父親對我說：「我念國中的孩子深夜出門，我跟蹤幾次，才發現他和幾位男女少年到一家電玩店地下室。我找到他，苦苦勸他回家，卻遭到聲色俱厲的拒絕，我只好傷心的離開那兒。」又有一位家長在電話中告訴我：「我的孩子夜裡就到 Pub 或網咖打工，到深夜才回來，白天在學校精神不濟，頻頻打瞌睡，成績一落千丈，我不曉得該怎麼辦。」這一個個的個案並非父母不管，而是父母壓根兒約束不了孩子。請問如果沒有公權力介入幫助十八歲以下的青少年回歸正常生活，他們會因生活不正常而健康堪慮，疏於學習基本的生活知識和技能，未來如何有個生活憑藉？

青少年學會狡黠頂撞，我行我素，深夜逗留在休閒場所不歸，往往使父母束手無策，傷心沉痛。而有些人卻說那是青少年的休閒，說那是夜生活後的休閒，是熬夜苦讀後的休閒，你能接受嗎？

我不認為 Pub 或網咖等場所有什麼不好，它是現代人休閒的地方之一。但是對十八歲以下青少年則不同，他們正在發育成長，需要正常的生活作息，以培養其健康的體魄，我們不忍心讓他們逗留太晚，這是成人對青少年應有的責任、照顧與良知。所以類似的專案不應因有人異議而中斷。另一方面，家長和學校也要趁此機會，對這些深夜不歸的孩子施予輔導和協助，給他們成長的機會。

9

錯誤的愛

愛若不是建立在同理上，對方就得不到愛護。
對孩子不要用功利心去愛，要用同理心去愛。

錯誤的愛比不愛更為可怕。

幾天前有位父親向我訴苦：他經常要陪國中二年級的女兒念書，要念到夜裡一點鐘，他自己工作繁忙，因而積勞成疾，不知如何是好。他說，孩子一向成績不好，一到國中難度增加，常考不及格，孩子變得很憂鬱，很害怕上學。他說：

「我女兒很乖很聽話，是個認分的孩子；為了成績，每天總是勉力為之，夜裡苦讀，那麼努力也得不到好成績，可是老師還是要逼他用功。

「孩子陷在進退維谷之中；既不可以不上學，上學又令他害怕恐怖；想認真讀書考個好成績，但拚命讀也讀不來。最近孩子經常發楞，夜裡伏案就睡……我已心碎，這樣的教育對孩子不但無益，看來反而有害。」

聽完他的訴苦，我也一片哀戚。我想著：「老師的同理心到哪裡去了？真看不出孩子的處境嗎？對於這樣不善於讀書而又認分聽話的孩子，老師為何不引導他在技藝上發展，給他一點成功的喜悅，建立一點活下去的信心呢？」這種個案我聽過不少，但通常有兩種結果：其一是個性弱的孩子變得鬱鬱寡歡，可能一輩子持續下去，但心理健康受到破壞。另一種是放棄，視學習如畏途，或者增強了叛逆性，它不是發展性的叛逆，而是適應性的叛逆，因而產生暴力傾向。

做教師和為人父母的，最重要的是一顆清醒覺察的心，如果失去它，愛也會鑄成錯誤，傷害了孩子。這種覺察的能力便是同理心。人因同理而了解，因了解而作有效的啟發和包容，那就是有能力的愛。沒有同理心的愛有時會變得兇暴無情，那是禪家所要防範的事。明朝普明禪師把缺乏同理惻隱的心比喻為一頭野牛，愛得強烈，傷害也大，他說：

生獰頭角恣咆哮，
走溪山路轉遙，
一片黑雲橫谷口，
誰知步步犯佳苗。

你有愛心嗎？大家皆會說有。但愛若不是建立在同理上，對方就得不到愛護，相對的，敵意和傷害便會出現。對孩子不要用功利心去愛，要用同理心去愛。天下的教師和父母們，請多了解孩子，為他的心智成長多想想。

10 撫育的淚水

富裕如果只是經濟的，是金錢和物質的，這對於青少年的成長極為不利。

在傳統的倫理觀念中，子女對父母要盡孝道，要尊敬父母，體諒父母撫養、提攜和教育的辛勞，心存感恩。在鄰里之中，市井之內，如果一個年輕人不盡孝道，總要受輿論的制裁。因此奉養父母、尊親和樂，是子女的基本態度；而父母慈愛、照顧教導兒女，則是親職之必然，這是家庭的倫理。

近幾年來，在我的諮商個案中，卻發現幾個子女忤逆父母的事例。這些父母都很無奈痛心，他們被子女折磨得身心憔悴、神情黯淡，我認為那是人間很慘痛的悲劇。有一位母親對我放聲大哭說：「我兒子已經一年不跟我講話。」另一位媽媽說：「我上大學的兒子因為我是一個攤販，而憤怒地指著我說，以我為恥。自從先生過世之後，我就靠打零工擺攤子賺錢養活全家，我被孩子忤逆得痛哭三天。」這位媽媽眼皮還紅腫著。

父母對青少年最多的抱怨是：出言不遜、翻桌子摔東西、深夜不歸、用錢太多等等，而最令父母痛苦的是長期冷戰。一位父親說：「我請他吃飯，他連理都不理，我忍氣吞聲，但得不到回應。」他接著說：「住在同一個屋簷下長期不講話，令我著慌，心如刀割，但我又不能說話，因為稍一說話就惹來一場衝突。」

這種家庭冷戰的個案，已經越來越多，這些十四、五歲到二十出頭的青少年，看來總是贏家，他們幾乎用他們的金箍術把父母制服，最痛苦的戰俘就是無計可施的父母。這種狀況一旦發生，連青少年本身也是大輸家，因為他把很寶貴的時間拿來嘔氣，而不是拿來成長和發展潛能。

這些青少年怎麼會如此呢？過去學者們總認為，父母親不懂得做好親職，不了解孩子的心理，好像錯的都是父母，結果這些話卻成為青少年蠻橫不講理的藉口。我承認父母有責任，但是當孩子需索無度、鄙視父母的職業、出言不遜或幾近忤逆時，你能說青少年本身都沒有責任嗎？這些專家學者，也應該出來為青少年說幾句期勉的話才對。

這些憔悴的父母，拖著沉重的步子來到我的諮商室。「我的孩子要怎樣才會變好？」絕望的眼眶裡，噙著希望我能給他妙方的淚水。一擤鼻涕，一把眼淚，還有一個個令人椎心的故事。我能做什麼呢？這些大孩子不可能跟父母一起來做諮商，回到家看到子女的惡劣態度和言行，又令他們水深火熱。我只能在這裡呼籲青少年，請給你們的父母親一些體諒，他們縱使有錯，也請原諒他們，畢竟他們是很辛苦地在養育你們、愛你們。

我每接過這樣的個案，心裡便一樣淌著淚水，有時也會滿溢出眼眶。我對這類的案例覺得無奈，只能教晤談的父母親：來吧！來找我的是你，不是你的孩子。我帶你做一次禱告，教你幾個應對的原則：

●用過去沒有發生事故前的平常心對待他們。
●明白告訴他哪些你辦得到，哪些辦不到，但要言簡意賅。
●要經營家庭成員的良好情緒，切忌把家裡的不愉快推諉給出問題的青少年，找替罪羔羊是不對的。
●少作批評，更不可苛責，或說洩氣的話。
●放開心胸些！平靜點兒！笑一笑！苦中要懂得作樂。

這些青少年為什麼會如此倔強難以應付呢？我認為他們有一種不負責的傾向，也許是很少面對謀生的事，也許是輿論過分強調親職的責任，也許是大眾媒體每天提供太多稀奇古怪的東西，但最重要的是這社會太浮華奢靡了。

富裕如果只是經濟的，是金錢和物質的，這對於青少年的成長極為不利。如果是「富而好禮」，是有人文的，有文化藝術和宗教情懷的，那麼青少年的心智成長就較為有利。只有富裕的生活而沒有生活的磨練，就像把穀子種在太肥沃的土壤上，根本不會結穗。

我送走一個個來晤談的父母，總不免叮嚀他們：「記得！當煩惱、痛苦、絕望和憤怒襲上心頭時，要記得放下它！讓煩惱『隨他去』吧！要等待時機說話，等待時機給予你要給的愛，因為愛是沒有條件的。」

可是，當這些人走了之後，我又會想著：我要怎樣把父母對子女的愛、眼淚和傷痛告訴他們的子女呢？這件事常使我困惑和無奈。

叁

面對真實

面對生存的大環境，
我們對其真實性把握得越多，就越能解決問題，
做良好的調適，創造出更多的美好。
禪家所謂「知幻即離，離幻即覺」，
覺者能有效地回應生活的種種挑戰；
就人生而言，覺者手上的那份地圖，
一直維持著真實和正確，
儘管世事無常，他們仍能面對真實，從不迷失。

1 不可顛倒

生活不可以顛倒；我們為生活而工作，不能為工作而否定生活。人生不能顛倒；人是根本，名利是從屬，不能為名利而捨人。

我年少的時候，常幫大人作些農務，上山下田，許多莊稼都做過，在農事中不但能訓練體力、耐力和勤奮的習慣，同時能從中學會許多正確的生活態度，現在隨著年齡的增長，回想起來頗堪玩味。

有一次我和母親一起圍籬笆，莊園長度約莫三十公尺、寬約二十公尺。這樣規模的籬笆一定得打樁才不會倒塌，也才不易被家畜搗毀。我們準備了一些粗大的刺竹當樁，母親說：

「樁一定要正著打進土裡，不可以顛倒。」我問道：「為什麼？」她說：「無論是木栓或竹樁，一定是正著植入土中，就好像人不能倒著走路一樣。椿不能顛倒，是非也不能顛倒，這是自古以來種田人家的規矩。」

我心想著，母親說歸說，我自有主張：竹椿倒過來插有何不妥？底下細上頭粗，削個鴨嘴尖往下打，很快就把十幾隻竹椿打好了。正覺稱心滿意時，母親看了卻堅持要我拔起來重作一次。我看母親有些光火，不好違逆她，只好照辦，結果有些竹椿拔起來就壞了，又費了好大功夫才做好它。這回她一枝一枝的審視，終於通過品管檢驗。她說：

「孩子！要記得做人做事本末不可顛倒。」

這是件小事，卻因為母親的堅持，在我的心中烙下深刻的記憶，而且只要一用到本末不可以倒置的原則時，就會想起一根根樹立在眼前的正確標竿。

現在我努力倡導不可顛倒。作息不可以顛倒；白天要盡情的努力，善於利用時間，夜裡是休息的時候，不可以用來開夜車。求學不可以顛倒；我們為了獲得知識去過成功的生活才讀書，而不是為了讀個學歷，而不知進德修業拓展新知。生活不可以顛倒；我們為生活而工作，不能為工作而否定生活。人生不能顛倒；人是根本，名利是從屬，不能為名利而捨人。《心經》上說：

遠離顛倒夢想，

究竟涅槃。

顛倒使我們的思想失真，令自己的生活不得落實而如幻夢，那就會迷失，難逃失敗的厄運。唯有透過清醒的涅槃心，才能看清楚事理，過成功幸福的人生。

我隨時都在留意觀察人們生活適應的基本規則，由於工作的關係，有更多實例可以佐證《大學》中所謂「物有本末，事有終始，知所先後，則近道矣！」正是成功人生的律則。如果我們疏忽而不對年輕人做如是之教導，未堅持不可顛倒的理則，那是成人的不盡責，而不是年輕人不懂事。

2 非想不可

別人的經驗只能供作參考，卻無法供你使用，因此，你注定非想不可。

不少朋友曾問我，你那麼忙怎麼有時間寫作，怎麼有偌多靈感可以寫？我總是說，為了幫助別人解決難題，非想不可。我把想過的東西記錄下來，便是文章。

我寫的文章，每一篇總有一個活生生的生活事件，它是大家容易碰到的問題，也是值得分享的經驗。當有人遇到心理或生活困境來找我時，我必須以所受的專業訓練來幫助他。但這些基礎訓練幾乎不能直接運用在活生生的個案上，因此我只有一條路，要專心的傾聽，開闊的同理和共鳴，認真去想如何引導他，讓他看出盲點，找出新希望。這些工作上的反省記錄，便是寫作的靈感。

每一個個案都是嶄新的挑戰，在書本上是找不到答案的，書本充其量只能提供一些線索，因此我常常面臨非想不可的困局，我也相信動腦筋去想是解決問題的根本。

光仁中學蔡護瑜校長寄給我兩本小書，一本觀蛙，一本聽蛙，內容都是一則則小故事或寓言。我閒著無事便順手翻閱，有些短文頗能博人一粲，有些則能發人深省。今天我看到一則小故事說：一位太太買了電器回家，照說明拼湊了半天裝不起來，只好無奈地把零件散置在桌上。過了幾個小時，居然發現女傭把它拼裝起來了，太太讚美她本事真大，這女傭卻徐緩地說：「太太！我認不得字，就只好盡量用腦筋。」這個故事的標題正巧就是「非想不可」。

十年前我在美國俄亥俄州立大學聽一位教授演講日本式的經營思考。他說日本人學不到完整的美國技術，所以他們自己想，希望能學到美國的東西，但是想出來的技術卻不是美國的，而是日本的，而且比美國的更好用。他說，學不到美國的技術才逼得他們非想不可。

生活也是一樣，別人的經驗只能供作參考，但不能供你用，因此你注定非想不可。現成的答案會令你失去創意，因此你非想不可。禪學給我們的教誡是：你不能撿現成答案，那會障蔽智慧，遮閉法眼，就注定要失敗的。所以唐朝的巖頭禪師說：

從門入者不是家珍，
從緣得者始終成壞。

面臨困境時，現成的答案絕非好答案。因此心理諮商是要案主自己思考解決的方法，諮商者要想的是如何引導他作正確的思考。宋朝無門和尚說：

大道無門，千差有路，
透得此關，乾坤獨步。

我以「非想不可」為銘，非參不可為戒律。我知道答案沒有現成的，沒有一定的門路可循，須得自己肯去參透，肯用心去想去做，那就能千差有路，扭轉乾坤了。

3 在成敗中學習

眼前的成功未必是成功，有時會是另一個失敗的起點；失敗也未必是失敗，它經常是另一個成功的開始。

一般人常把成功當做目標的達成，失敗就是沒有達到預期的目標。成功就要好好的慶祝，高興一番；失敗了就覺得沮喪，好像不表示一下傷心還交代不過去。其實，就人生長遠來看，眼前的成功未必是成功，有時會是另一個失敗的起點；失敗也未必是失敗，它經常是另一個成功的開始。

人不能用成敗論英雄，而要以能否在成敗中學習與成長論英雄。人在成功時會執著陶醉在成功的甜蜜，容易產生適應性退化、懈怠或成功時的狂喜，而執著在成功時所用的學習方法，往往給自己帶來新的困擾，所以禪者常說：「成功的同時很容易埋下失敗的種子，失敗的剎那常是激勵成功的契機。」失敗者如能記取教訓，愈挫愈奮，那麼暫時的失敗，就成為走向成功人生的助緣。

每年大學和高中入學考試放榜，總是幾家歡樂幾家愁。無論是考生或父母，如願以償的時候，歡喜之情溢於言表，而疏忽這代表著新的學習的開始。在我的諮商輔導經驗中經常發現，許多年輕人只會考試，卻沒有學會如何容忍挫折，缺乏人際間的空間和健康的生活態度，結果這點成功卻帶來大問題：當他與許多高手同班競爭時，即無法承受新的壓力，繼而產生新的困擾。所以，要提醒成功者要有正確的處世態度，容受挫折的雅量，並維持積極的學習動力。

失意的考生也要明瞭，天下沒有憑白的失敗，失敗往往是砥礪人走向成功的恩典。很多人都曾在考試上失敗過，但卻東山再起，步向成功的坦途。這些人都學會兢兢業業，完成了自己的心願。一次落敗不算什麼，重要的是記取教訓，在勇於改進中成長，讓自己的潛能開展出來。

不要以為成功者永遠會成功，要成功就必須不斷努力，保持謙虛和培養更多實力。也別以為失敗就沒有指望，失敗簡直像是一個金礦深藏的大礦場，但你得肯去挖掘，要有耐心和毅力，要沉得住氣，要學習新的方法和工具，設法挖到礦脈。失敗後的成功，只有親嘗的人才知道它的甜美甘洌。

成與敗是人生歷程的自然表現，我們是在成敗之中學習與成長的。如果你把成敗視為目的，那麼得失之間已把你束縛住了。人要記取教訓，不是記取成敗的喜樂和痛楚，更不能執著在成敗的情緒而迷失。年輕人請注意，成與敗都需要清醒的承擔和努力，否則就失去成長的契機。禪家說：

不經一番寒徹骨，
怎得梅花撲鼻香。

在禪者的眼裡，成與敗都是一種激烈的挑戰，都是冷峻的考驗，兩者沒有什麼不同，都需要你去承擔和努力。千萬不要因為一時成功而鬆懈，更不能因為一時的挫敗而灰心，重要的是要從中學習與成長。

4 真實有用的話

教導必須依對象，看時間，作不同的因應。如果所言非人、非時，即使是最好的真理，也會是一種錯誤。

人們用語言來表達一個觀念或原則，都是對特定的人和特定的事而說的。因此，對父母所說的親職教育的知識，未必適合孩子聽，對老人所說的生活智慧，未必適用於青年。教導必須依對象，看時間，作不同的因應。

有一次我應邀到彰化文化中心參加座談會，題目是「青少年問題面面觀」。這個座談看來是為父母教師而舉行的，希望藉著座談，能讓大家了解青少年的心理特質、社會變遷中青少年適應的困難及因應之道，好教導青少年走向亮麗的人生。不料當天來參加的八九成是青少年，因此我決定強調青少年心理調適的課題。

不過，另一位教授就不然了。他強調現在青少年很苦悶，社會沒有提供足夠的休閒，父母沒有教好孩子，學校教師的效能太差，升學主義給年輕人壓力等等。我聽得有些發楞，因為這些話是對教師和教育工作者說的，並不適合在青少年面前說，這會使青少年產生誤會，認為自己的不好大部分肇因於父母、家庭、社會和學校，容易使青少年對自己的錯誤行為有了藉口。

我在諮商實務中經常聽到父母親的傾訴，痛心子女把過錯推諉給他們，把窮困視為父母的恥辱，把關心視為囉嗦和無知。青少年在聽完對父母和社會的批評後，往往不假思索，便把錯誤諉過於父母、教師和社會，忘了自己可以掙脫困境，走出光明的人生。

這位教授分析青少年問題的成因並沒有錯，遺憾的是他沒有考慮到當時聽講的大部分是青少年，我因擔心這些青少年會產生誤會，於是找機會對他們說了一段話：

「各位青年朋友！我深信每一個人都有無奈的一面，我們沒有辦法選擇父母，我們也無從更換一個家，當然也免不了要面對躲不開的逆境。也許你的父母知識短淺，你的環境困厄，你的國家社會未能提供足夠的環境條件，但你絕對不可放棄你有努力創造的權利和意志。

「俗語說，『歹竹出好筍』。孔子說，『犁牛之子騂且角』。千萬不要被不利的環境把你困住，要發現自己的優點，努力走出困局，耐得住性子，去開拓自己該開拓的未來。

「請不要老想著父母、社會和國家能給你什麼；要去想你未來能給父母、社會和國家些什麼。打起精神來，我知道在座的每個人都可以做得到。我看過國中畢業生憑著做油漆工，刷出自己綺麗的前景，也看過一位小小的推銷員，締造了自己的企業世界。只要你肯努力，你就能過成功的人生。」

我說完這段話後，得到滿堂青少年的掌聲，讓我好高興。我高興的不是他們的掌聲，而是他們的心聲和一種活潑的心志。它就是生命力，是人生的光與熱。

走筆至此，我想起《華嚴經・入法界品》中所說：

隨諸大眾，
以種種方便，
種種言音，
為其說法，
令得利益。

我們要對不同的對象說有益其心智成長的話。如果所言非人、非時，即使是最好的真理，也會是一種錯誤。

5 看得清楚想得明白

在自由開放的社會裡，最愚蠢的事，就是一味跟著別人吶喊，只聽別人的是非，自己卻沒有智慧去明辨是非。

人世間順逆成敗，生老病死，變化無常，如果沒有建立正確的信念，就會隨波起伏，如浮萍一樣忽而東忽而西，在際遇中迷失，在權勢中浮沉造業。奸商的豪奪往往見利忘義，政客的操縱愚弄，最後受害的一定是民眾。至於跟著他們起鬨，尾隨吶喊的群眾，則往往不知道自己所為為何。

有人說政治是一種騙術，這當然有些過分。但就當前的政客表現而言，是有幾分中肯的。任何一個國家在走向民主政治之前，都有過紊亂，西歐諸國如此，美國也不例外。但最後能步向坦途，建立制度，孕育宏規的原因是：大家接受了一個信念——真實。

美國一位心理學家同時也是哲學家弗洛姆（E. Fromm），曾對民主社會中表現於政治經濟的操縱、欺騙，和對群眾的蠱惑作精細的分析。他把操縱者比喻作狼，把被操縱者比喻為羊。當一群羊被引誘入陷阱，被操縱成某些特定人士的利益時，往往並不自知。

社會群眾太容易被蠱惑，尤其在是非看不清楚時，已被義正詞嚴、似是而非的厲聲疾呼者所吸引。許多實施民主政治的開發中國家，就是這樣陷入危境的。你要想清楚，厲言批評誰都會，問題是怎麼做。在群眾中所說的口惠誰都會，問題是可能辦得到嗎？會不會殺雞取卵，今天飽餐，明天吊鼎絕炊？

生活在民主自由的社會，隨時要面對許多不同價值觀念的衝擊。你不能把報紙上特例的新聞，視為一般生活的通則；更不可以把影星表演時的秀示，拿來當日常生活的規範，那是囫圇吞棗，但我知道許多人正在犯這種錯誤。

家庭生活是人生最重要的一環，它給你溫暖和親情，是生活的精神支柱，但它也需要你的愛心培養和寬容接納。可是人人都說家庭是一種束縛，勉強回家棲息過夜，卻疏忽了修葺和運補。結果，看到外面都是好的，家裡卻是勉強的聚合，這也是一種悲哀。

人需要學習看得清楚，想得明白。既需要登高峰看個清楚，也需要入於市井，了解生活原來有許多的苦要去承擔和忍耐。

一股腦兒的理想，一味的不滿意，卻又不肯認清事實，那會憤世嫉俗，把你手上有的一碗飯砸掉，卻不知道新的一碗飯在哪裡。民主社會裡，誰都可以大發謬論，誰都可以忽發奇想，因此你千萬別忘了，要思考清楚，看清楚，然後才能令自己立於不敗之地。

在自由開放的社會裡，最愚蠢的事就是一味跟著別人吶喊，跟著別人走，只聽別人的是非，自己卻沒有智慧去明辨是非。如果這樣，當心你就是會被狼引入陷阱的羊，遲早會被利用或被吃掉。唐朝的天柱禪師，有一次在談到心靈自由時說：

獨步千峰頂，

優游九曲泉。

旨哉斯言，如果你不肯步向千峰頂，怎麼能看清楚真相；如果你不肯在人間冷暖、種種際遇中，帶著幾分曠達自在之情，你很容易就會在憤世嫉俗中迷失自己。

6

在匍匐中挺進

被吹倒的花樹低姿成長和繁茂，颱風無法再對它們肆虐；匍匐就是挺進，謙卑就是成長。

自從我離開宜蘭到台北求學、就業，多少年來少有機會回到鄉下，和鄉親閒聊，更少有閒情到過去打工墾植的山林田園，重溫兒時的舊夢。我的堂弟鄭讚慶夫婦，知道我思鄉的心事，特地陪秀真和我返鄉，一起重遊老家，仔細欣賞家鄉的一景一木，拜訪過去的老朋友，特別是多年沒見面的朋友。

多年來家鄉因為土地重劃，開馬路建新宅，果樹已經翻新，改種不同水果，但一景一物，經過堂弟的提醒，還是依稀清楚。我好高興見到幾位多年不見的朋友，談笑親切，有七、八十歲的老人依然健朗，我年輕時常向這些老友批購芭樂、柿子、橘子等，一大早送到羅東去賣。現在看到他們，備覺親切。憶舊談笑，緬懷過去，彷彿就像昨天一樣。

我們來到同樂村，堂弟告訴我說，這個村子有一家人只種了三棵玉蘭花樹，卻蔓延匍匐了近千坪土地，花開鼎盛，是很負盛名的一景。於是轉個彎，來到邱進賜的家。老夫婦引導我們到花園，果然樹幹蜿蜒匍匐，有如舞龍狀；枝葉繁茂蔽地，玉一般半開花苞隨處都是，清香撲鼻。我站在那兒抬頭看看枕頭山，回想過去這兒的景物，不禁問道：「這兒幾十年前不都是柿子園嗎？」邱老先生說：「是的。」於是我想起過去曾向邱先生兄弟批購過柿子，我能描述過去的老房子和園林景物，但挖空心思也想不起來他們家當時種了玉蘭花。他說：

「一九六一和六二兩年，超強颱風波米拉和歐伯連續肆虐，所有的果樹連根拔起，這幾株玉蘭花也被吹倒了。從那時起，它們匍匐蜿蜒，繁茂伸展，花也開得很好，竟成今天這個景觀。」他接著說：

「從那時候起，花樹不再高大，而是低姿成長和繁茂，颱風無法再對它肆虐，人們也比較少注意到它的存在。其實，這三棵樹已有五十年樹齡，它們盤踞了這一大片土地，賜予我們生活的資糧，也因為如此，我們喜歡花，種了更多不同的花，並以賣花為業。」

老夫妻倆越說越生動，我不禁沉思在過去批購水果的少年往事中。往事歷歷，憶起兩次強烈颱風的蹂躪，刮倒無數房子，死傷何止幾十個人，甚至有十口人家只有一位倖存。強風肆虐後，田園一片光禿，我們沒有水果可以販賣，只好去礁溪當建築工人。我指著這片玉蘭園林說：

「那兩次颱風以後，我學會步步踏實，謙卑努力；這三棵玉蘭花卻改變作風，匍匐挺進。堂弟讚慶也跟我一樣刻苦努力，他考上普考的狀元，後來上大學考取工程師，走出他的亮麗人生。這棵樹齡五十，我和堂弟同為五十一歲，我們有著相同的成長歲月。」

返鄉見到許多鄉親，用過去的口吻，說往昔舊事，憶起許多辛酸和歡樂。但唯獨這片玉蘭園，給了我一個全新的啟發：匍匐就是挺進，謙卑就是成長。

7 自作孽不可活

人不怕困境，只怕作孽。
作孽是在困境之後加上惡因，使困境坐大，危害更深更烈。

人生來就是要接受挑戰；是在克服困境和橫逆中成長，從而感受到歡喜，也培養了自信和雄心壯志。因此，人不怕困境，只怕作孽，作孽是在困境之後加上惡因，使困境坐大，危害更深更烈。

我小的時候，鄉下人既不習慣穿鞋子，也沒錢買鞋子，在崎嶇山徑上行走，在河床碎石中步行，光著腳丫子免不了受傷。有一次腳掌受了創傷，經過清洗包紮，照顧好幾天後結了疤。記得那是一個夏日雷雨的午後，我閒著沒事，就一點一點把結硬的疤撕掉，結果又流出鮮血來，我祖父看到了，半愛心半責備說了我一頓：

天作孽猶可違，
自作孽不可活。

果然不錯，那傷口就潰爛起來，很久才癒合。老祖父常常心疼地說：「作孽！作孽！」

一九九五年有五個颱風過境，這是天災，許多城市的路樹都被吹倒，也看到工人們把樹一棵棵扶起來。這幅扶起路樹的情景，讓我想起年少時的往事——颱風特別喜愛光顧我宜蘭的家鄉，每當強風過境後，果樹東倒西歪，就得一一扶正。工作方法是先在樹頭處清出一個坑洞，好讓樹頭落入坑內，恢復正直，用支柱架好，再把土壤填回去。這樣做，反方向的根才不會折斷。

現在扶路樹的工人怠於挖坑洞，幾個人用繩索合力一拉，又有幾個人作勢一推，兩三下就把樹扶起來了，木樁一打就算完成。但仔細看清楚，原來被吹倒的樹根已經扯斷了一半，強力扶起時，另一半的根又折斷，那些扶過的樹又加了一層傷害，所以長不好，這也是「作孽！作孽！」

許多做父母、老師的人，對孩子的教育也是一樣。當孩子成績沒有考好時，不但沒有設法教會他，反而責備他；孩子犯錯時，疏於輔導其改正，反而責罵貶損其自尊。這不但沒有教導，卻又增加學習的惡因，後果自然不堪設想，這也是作孽。

夫妻共組家庭，個性各有不同，必須互相包容；價值觀念彼此互異，要學會尊重溝通。但許多夫妻卻一味相互指責，彼此推諉，原本的良緣和愛情，像扶路樹的工人一樣，把現存強壯的根折斷，那麼夫妻賴以維持的姻緣線就越來越少，夫妻會從恩愛而反目成仇，這也是作孽。

人不怕困境和挑戰，只怕不能面對問題作正確回應；作孽造惡因，往往旁生枝節，使事態擴大，以致不可收拾，這是值得大家警惕的。

8 即知即行的紀律

即知即行是人生最可貴的習慣，
它帶著我們成長，給我們新的視野和希望。

每個人都會有些不好的生活習慣，壞習慣若多於好習慣，生活適應就會發生困難。好習慣若多於壞習慣，生活調適就比較容易些。不過，我們也要注意，有時只要染上一種惡習，例如賭博、吸毒、酗酒等等，整個人就會陷入困境之中。所以，每個人都要檢點自己，建立好的生活習慣。

淨空法師常叮嚀弟子，修行就是修正錯誤的行為；把不好的習慣和行為革除，重新建立正確的習慣，自然日新又新，福慧增長。我知道改正惡習最大的難題是口說不做。所謂「口念心不行」的人，永遠提升不了自己的生活品質；消極的人繼續消極，不肯努力的人依然怠惰。所以修行必須發願，而且要發宏願，腳踏實地做去。唐朝德山禪師說：

窮諸玄辯，若一毫置於太虛；
竭世樞機，似一滴投於巨壑。

讀經而不修持與不讀何異？拜佛而心不誠不淨，拜了也得不到深度的啟發和體驗。念佛人如果不是口念心行，勤於修治自己，讓自己福慧不斷成長，偶爾念念不肯修持，根本體驗不到精進的法喜。

要改正自己的錯誤必須有行動計畫，要心智成長就必須腳踏實地，不可以得過且過。過去雲南雞足山悉檀寺的開山祖師，出家後參禮諸方，辦道用功，非常精進，一日寄宿在旅店，聞隔壁打豆腐店的女子唱著：

張豆腐，李豆腐，

枕上思量千條路，
明朝仍舊打豆腐。

這位禪僧聽了這歌謠就開悟了，引他開悟的是「枕上思量千條路，明朝仍舊打豆腐」。學佛不肯行動，開不了慧眼，入不了法界；生活工作若不肯即知即行，明天依舊癱在困境中，走不出來。

我念大學時，齊覺生教授常常對我們說：「人怕站不怕慢，切忌夜晚千條路，白天賣豆腐。」他解釋道，不是不可以作買賣豆腐的生意，而是你想轉行，卻又不努力學習新的技能，發展新的機會，只是一味空想，那是一種病，而不是有理想有抱負。

即知即行是人生最可貴的習慣，它讓著我們成長，帶給我們新的視野和希望，更重要的是，它讓我們完成莊嚴亮麗的人生。

9

拒絕錯誤的暗示

人不但要學習拒絕接受錯誤的恐懼暗示，設法消除它，更要避免去對別人做錯誤的暗示，尤其身為父母和老師。

要想心理健康，就得先學習拒絕錯誤的暗示，一旦受到錯誤的深度暗示，它就會像夢魘一樣死纏著你不放。禪家說：「魔由心起。」許多人的心中堆積不少錯誤的觀念或迷信，漸漸演化成為揮之不去的不安和恐懼，時日既長就會產生症狀。

過去，有一位女士對我說：「我曾經信過一種宗教，當時我發過重誓，如果背叛本教，就要天打雷劈，不得好死。現在我信不來，但心中一直存在著恐懼的陰影。」她跟我作了幾次諮詢，才漸漸平穩過來。

人若受到恐懼的暗示，就會受到它的威脅。有人因為結婚當天，喝交杯酒的杯子摔破了，便一直擔心婚姻會破裂，之後夫妻稍有摩擦，就會不安起來；有些婦女因為算命先生鐵口直斷，說他會剋夫，所以經常焦慮不安。對於這些心理困擾，我會採取禪法來啟發他們，要他們知道如何造命，知道萬法唯心造，並設法打開心結，放下它，解脫它。

人是很脆弱的，有些人會被一個錯誤的觀念死纏活纏一輩子。過去，我讀過一個心理學的個案，是一位女星死於拔牙的事件。這位女星小時候，母親在拔牙時心臟病突發死亡。從那時起，她就很怕看牙醫，對拔牙有著神經質式的恐懼。當時她正值事業顛峰，恰巧牙齒有病，必須拔掉才行。她幾次對醫生表示自己的恐懼和擔心死亡，但醫生認為拔牙應該很安全，安慰她之後仍為她拔牙。結果就在拔牙時，這位女星真的死了。

人不但要學習拒絕接受錯誤的恐懼暗示，設法消除它，更要避免去對別人做錯誤的暗示。尤其是父母和教師，更要避免用恐懼來嚇唬孩子。

有一次，秀真陪孩子去看牙醫回來，告訴我當天發生的事：由於病人多，一位媽媽病人等候到十一點半才輪到她看病，而跟著她去的兩個幼童已經失去了耐性。媽媽躺在治療台時，對煩躁不安的孩子說：「給我乖乖站好，再不安靜，醫生就把你們的牙齒拔光。」話還沒說完，醫生倒嚴肅的對這位媽媽說：「你怎麼可以教給孩子錯誤的觀念！把拔牙當處罰。將來如果需要拔牙時，孩子會怎麼想呢？」然後回過頭，很和藹地對孩子說：「別擔心！只有牙齒有病需拔除的人才要接受拔牙！不過，你們可以站在這兒靜靜地看我怎麼把媽媽的壞牙齒拔掉。」

我非常敬佩這位醫生，能同時扮演良師的角色。他懂得真實的要求，更深諳嚇唬的嚴重後果，有技巧地避免了一次錯誤的教育。

10 防衛生敵意

太重視防範別人，就等於教孩子對人的恐懼；只重視保護自己，就會失去愛護別人的能力。

這幾年來，社會上接二連三出現擄學童勒贖案，甚至有學童慘遭撕票的不幸事件，自然令全國上下一片譁然，父母無不提心弔膽，開始教育子女提防陌生人靠近自己問話，學校教師也對學生諄諄教誨，要小心防範綁架。這是安全教育，是不得不教的，但從那一天開始，我們也開始教導下一代人際疏離。

人際疏離令人冷漠，導致心理漸漸產生寂寞感，而使維持健康心理生活的溫暖和會心友誼漸失，兒童開始被疏離和敵意所侵擾，從而產生不安和強烈的防衛傾向。這一代的青少年已漸漸長大到二十歲，他們的孤獨伴隨著個人主義的自由觀念，變得相當自我防衛，對於公益公理的熱心已然興趣缺缺，這是有調查為證的。

再者，是有關男女平權的爭議。沒錯，我們的社會確實還存留著一些大男人主義的觀念，這是應該革除的，但由於過度強調女人如何保護自己、男人如何維護自己，結果本來還能維持正常功能的家庭，卻因為彼此的計較和敵意，導致成員間出現疏離的情況。有些新婚夫婦在結婚的第一個月就鬧起來了，因為他們在爭生活費用分攤，在斤斤計較家務事的分工，在爭該不該奉養公婆，在爭早餐應該由誰來做。大家都怕吃虧，不肯相讓，家庭成員相互了解、尊重和合作的溫暖漸失，我們給孩子的愛的品質也低劣了。

教孩子保護自己並沒有錯，但怎麼會教成人際疏離和過高的防衛呢？教大家男女平權的觀念，是天經地義的事，怎麼會變成家庭溫馨的流失呢？我翻閱了許多文章和報告，發現提倡新觀念的人，有較強的防衛傾向，太重視消極面；只重視糾正缺失，疏忽了建設健康的態度。在性教育上太強調性騷擾和性解放，而缺乏建設正確的性知識和性倫理；男女平權方面過於強調性別歧視，而疏於強調真正的平權，只有打垮男性中心文化，而缺乏孕育男女平等的正面價值。

我們太重視防範別人，就等於教孩子對人的疑懼；只重保護自己，就會失去愛護別人的能力，而漸漸成為疏離人。禪家提醒我們：

有你有我，
輾轉不見。

當社會上這樣的人口群越來越多時，不安與防衛的社會性格就會浮出檯面，我們就要受它的折磨和摧殘，祥和與安全感就會漸漸失去。

社會上已經呈現許多疏離和敵意的特質，一般人一聽到非法事件的發生，最先想到的是哪一位是罪魁禍首，而不是把事情弄清楚，就連媒體也不能免於這種「敵意思考」。發現孩子打架，我們慣於指責那是校園暴力，要找出一個人負起責任，而很少人會抱著積極思考的態度去解決問題，甚至連當事人都在規避真實，推諉責任，一味指責對方。防衛與敵意的社會性格已然明顯，該是警惕的時候了。

因此我要呼籲，改正錯誤不是批評和責備，不是防衛和敵意，而是要避免錯誤，勇於改正，並建立積極和正確的規範。我們不是把一棟危樓推倒就好，而是要負起構建一幢堅固亮麗大樓的責任。唐朝的馬祖大師，在答覆弟子如何才是正確的生活態度時說：「日面佛，月面佛。」意思是說，要從積極光明面去尋找答案。

我們遇到問題時，要著眼於真實面；要懂得除舊，也要肯去布新；要認清眼前的缺失，卻不能讓自己掉入消極、防衛和敵意的窠臼。

肆

活得自在

生命是艱苦的，是要面對許多挑戰和難題的。
因此，每個人都要有面對困苦和調適自身的心理準備。
佛陀指出「世事無常」，所以要透過覺察和智慧
去解決、去克服困難，才能得到自在。
另一方面，人不能自找麻煩，
陷入無明和煩惱障裡頭，給自己帶來痛苦。
因此要懂得淨化自己，過簡樸的生活，
才能保持自在的性情。

1 心的訓練

切記告訴你的心，不要貪婪執取，要知足常樂；要恬淡才能喜樂創造，要心平氣和才能駕好這一葉扁舟。

有一次我跟政大的同學討論心的訓練；要大家注意覺察自己的心。它經常搖擺不定，忽東忽西，要這要那；受到批評便被激怒起來，受到引誘就會走失。人的心若未經訓練，便不能自我控制，不能理性思考。

我把人生比喻成駕一葉扁舟旅行。在旅途中，必須學習各類知識和能力，這些都是解決問題的工具。這些工具，你要放在舟上以備生活之用。同時你將得到許多財富、地位和頭銜，它像放在舟內的食物和珠寶。它們都是人生之旅的道具，但不是旅途本身，它是工具和飾物，絕非你這位旅途的行者。

不過，我要提醒大家：在駕舟之旅中，你是旅者，心是操舟的舵手。你得訓練心能駕好這小舟，從上游經過峽谷，歷險灘，越激流，才能平安完成生命之旅，悅賞途中美景。否則，怒濤可以覆舟，暗礁可以毀舟；舟上的知識、名利和你都將不保。所以你要懂得訓練它，別讓你的心魯莽衝動，不令你的心懈怠迷失。學禪就是要從訓練你的心開始。

你要警覺你的心，因為心很容易被法塵欺矇。在駕舟的旅途中，你要欣賞沿岸之美，但也要提醒你的心，知道如何維持生活，直到你圓滿完成人生。要提醒你的心認清「諸行無常」的真理；沿岸的風景你不可能放置在舟上載走，所以別讓你的心做傻事，迷戀著美色而忘了駕舟前行。

碰到驚濤駭浪時，注意看好你的心，不讓它煩亂而失控，導致舟摧楫毀，讓你葬身水底。你要訓練你的心，看清那些喜怒、順逆、成敗固然令人醉心或憤怒，但別忘了它是無常的，就像車窗外的一景，即刻過去；要告訴你的心不必為它執著，不要為它高興得昏了頭，或者氣得跺腳。要穩穩操舟，載著你平安喜樂的旅行。

我們生活在法塵之中，色受想行識五蘊是舟旅的基本素材。告訴你的心，你用它但不能擁有它，如同掬一捧水，水會從手中流走，但沒有人叫你不要去掬那一捧水，而你要認清那水會流失的真諦，如此而已。告訴你的心，要認清這一點；可以取之用之無盡，但不能佔有執取。唐朝法眼文益禪師說：

金屑眼中翳，
衣珠法上塵，
已靈猶不重，
佛祖為何人？

在你的人生之旅中，切記告訴你的心，不要貪婪執取，要知足常樂，要恬淡才能喜樂創造，要心平氣和才能駕好這一葉扁舟，繼續旅程。金屑固然貴，但掉入眼裡就會成疾，珠寶固然令人賞心悅目，但披掛在衣服上與灰塵無異，有時甚至會招惹災難。人生如旅，要好好地旅行，不必追求名分，也不必追求佛道，你自己本身就是佛。

活在這自由開放的社會裡，就像遊於時而山水秀麗、時而湍急險惡之境，固然美不勝收，但風險亦大。請注意！要訓練你的心，駕好這一葉扁舟。

2 割捨與存真

割捨使我們成長，令我們活潑有創意，更重要的是它能令人活得真實。

人要學會拿得起，也要能放得下。你的雙手若老握著掙來的東西，就不能放手去做新的事。人不但要把心中的煩惱、壓力、成見和憎恨掏出來，割捨它；也要學習與人分享，為別人作些服務。

我小的時候，祖父到街上訂購了一尊佛像，我有幾次機會陪他去看雕刻。我看得入神，老師傅很欣賞我的專注神情，說要教我雕刻，收我當學徒。我一口答應，請他教我手藝。他說了許多，現在記不全了，倒是有幾句話一直烙印在記憶裡。他說：

「孩子！雕刻就是把不需要的部分除去，它就現出我們想看到的佛像：你想看到什麼，只要剔除那不需要的部分，就會栩栩如生現出它的形狀。」

我沒有留下來學木雕，倒是這幾句話記得清楚，成為爾後我的座右銘：割捨才有成功。人若肯割捨一些俗事，就會有優游之趣；肯割捨計較之心，就能帶來愉悅；肯割捨成見，就能清醒的思考。

割捨看起來是損失，但卻能給我們新的機會。一塊再好的玉，如果捨不得雕去其中一部分，就不能成為價值連城的藝術傑作。人的一生當中，如果沒有割捨一些貪求，就沒有活生生的生命力。做生意的人，如果不肯先割捨，花點錢做廣告，商品就賣不出去。

唐朝的趙州從稔禪師，有一天敲著木魚，喀喀地響著，他發現木魚中空，才有那麼清脆的響聲，也發現人的心靈若能保持空間，一樣能流出大智大慧的聲響；若能虛懷若谷，也就能學習許多知識，心智得到成長；若能不被障礙所蔽，心胸自然開朗自在。他體驗到空的大用，也發現空與割捨息息相關，於是寫了〈魚鼓頌〉這首詩：

四大由來造化工，
有聲全貴裡頭空；
莫嫌不與凡夫說，
只為宮商調不同。

這是說世上一切事物，都是由因緣合和而成的，而一切造化的基本條件是空，有空才有機會，有空才會成長。而趙州所感嘆的是許多人一味的想佔有和囤積，價值取向不同，說了也等於白說。

人際互動需要空間，始能現出友誼和溫馨，所以要知所割捨和包容。生活的品質需要空間，才有閒適之美，所以要懂得安排和割捨。工作與事業一樣要善巧裁奪，保持空間，才有發展的機會。知道空的大用，就能掌握先機；昧於空的藝術，就會掉入死胡同。

3 洗盡心中的塵垢

想洗盡心中的塵垢，讓自己活得歡喜有創意，
要先把自我中心的毛病改掉，一切困擾都會迎刃而解。

人一旦有了煩惱，要立刻清除，就像你臉上沾到汙泥，得趕緊用清水來洗淨一樣。洗去你的憂傷吧，免得它腐蝕你活潑喜悅的心情；滌盡你的敵意吧，免得它破壞與人和諧相處的融洽；熄滅你心中的怒火吧，免得它燒掉你的幸福；袪除你的貪婪吧，免得它用痛苦的鎖鍊，把你綑綁起來。

每一個人都會有憂傷和煩心的時候，有徬徨和猶豫的時候，解決的辦法很簡單，就是攆走它。瑯琊禪師說：「隨他去！」神學家皮爾（Norman V. Peale）說：「把它清除掉！」康德（Immanuel Kant）說：「忘掉它！」只要你一念清楚，就能擺脫它。你要對自己下令說：「把那壞心情甩掉，重新振作。」

你就真能辦到。我也有過心情不好的時候，我的祕方是告訴自己：躲開！別踏入陷阱。

佛陀經常教導他的弟子，要洗滌心中的塵垢，不要被煩惱汙染了心，所以在《華嚴經‧淨行品》中說：

洗浴身體，
當願眾生，
身心無垢，
內外光潔。

每天洗澡時要記得清除心中的煩惱，要培養光明積極的態度，甚至連洗手、洗臉、刷牙等等，都要提醒自己，讓自己內外光潔，歡喜振作。千萬不要洗過臉了還愁眉不展，刷過牙了還滿口消極，洗過澡了還渾身是煩惱塵垢。

沒有人能幫你洗滌塵垢，除非你自己下定決心遠離它；當然也沒有人能令你歡喜振作，除非你自己願意去過喜樂有創意的日子。

農曆的四月八日是浴佛節，在真修寺的共修會上，我特別以浴佛節的由來及意義為題，為大家宣講個中法義。我特別引用《佛說浴佛功德經》的經文，說明浴佛的目的有二：其一是讓佛像保持光潔亮麗，其二是藉浴佛的儀式，宣講淨化自心的修行法門。整部經的重點，就在於淨化自己。經上說，當你以水淋洗佛像時，應誦偈云：

我今灌沐諸如來，
淨智功德莊嚴聚；
五濁眾生令離垢，
願證如來淨法身。

浴佛是要洗去心中的煩惱、貪婪和壞習氣。但有許多人卻在浴佛法會上求財求功名求貪慾，那就離道甚遠了。欲望越多煩惱也多，財大利大紛繁也大，所以要懂得過單純的生活。浴佛節是一種教化的技巧，它的本義是淨化自己的心，讓人依自己的真實，去過實現的人生。

在心理諮商經驗中，常常碰到有人帶著沉甸甸的煩惱包袱來找我。在與我交談之後，有的人很快就洗淨塵垢煩惱，有的人很難捨去那些困擾。原因何在？我的發現是：自我中心的人，他的心是封閉的，就像不通風的密室，很難清除其中的汙垢。因此，你如果想洗盡心中的塵垢，讓自己活得歡喜有創意，我勸你還是要先把自我中心的毛病改掉，一切困擾都會迎刃而解，快活振奮的日子就在等著你。

4

不墜替罪羔羊的陷阱

一廂情願地把厄運和失敗往某個事件上推，會導致判斷的錯誤，花了好大力氣，結果卻得不到好的結局。

在諮商輔導的實務經驗中，我發現替罪羔羊的思考方式，是人們最常犯的錯誤。在家庭生活中，有意無意會把某個人當代罪羔羊：什麼事都往他身上怪罪，久之，他承受的壓力過大，就形成一些精神症狀。相對的，其他家庭成員推卸責任成習，覺得自己並沒有錯，因此，家庭的困擾也一直得不到改善。

一個團體或政黨也是一樣，如果用了尋找替罪羔羊的思考模式，那麼除了作些權力爭奪之外，不可能改善體質，提升其解決問題的能力。最後必然要失去優勢，由另一個懂得面對問題、能看清事實的政黨取代。

尋找替罪羔羊，並不一定是找人來頂罪。有時人們也可以把事件當做替罪羔羊；一廂情願地把厄運和失敗，往某個事件上推。這會導致判斷的錯誤，花了好大力氣，結果得不到好結局。有些人事業不順利，卻怪罪祖墳的風水不好；子女不喜歡讀書，卻怪罪功課壓力大。這些人往往失去把握事實，而流失有效改造的機會。找替罪羔羊就是心中有滯，不能清楚地把事情看分明。唐朝法融禪師在其所著《心銘》中說：

分明照境，
隨照冥蒙；
一心有滯，
諸法不通。

自己拿著鏡子，沒有對準要看的自己，當然看到迷濛的一片。人一旦心中有了窒礙，思考不清楚，當然不能想通解決問題的辦法。

時下許多教育興革的言論，開口閉口都說升學主義惹的禍。他們把今天的教育問題過分簡單地歸罪到升學主義上，甚至認為沒有升學主義，教育就會正常起來，就會有好的教育成效。這不免犯了尋找替罪羔羊的錯誤。試想：如果我們現在已沒有升學主義的困擾，孩子們都可以申請入學，是不是就沒有升學競爭呢？

我當然也贊成要對升學主義作一番改革，但不要以為中小學教育問題的癥結在升學，它只是一個虛假的大敵而已，真正的問題是課程與教學。如果我們不設法提升教育工作人員的士氣和專業能力，不把過度理論的課程改為實用的內容，不肯放棄知識累積的教學，將其改為思考和運用，教育改革終究還是會失敗。

有一次我參加教育座談，聽到一些家長一味把責任推給學校，說教育制度害了孩子，功課重害了孩子，成績和名次害了孩子。照他們所說，好像他們沒有責任，該負責任的是學校。我於是提出了以下的回應：「學校當然要負責，但如果認為家長沒有責任，而一味把責任推卸給學校和社會，光是這一點，就足夠令教育發生嚴重的偏差。」

我常有機會和教師座談，常常聽到他們的警告說：「如果教育改革不是從通盤踏實去做，只是打垮升學制度，那我們將會面臨更多的青少年犯罪，他們的學科程度將會一落千丈，那時學校將受到更嚴厲的指責。」

光談大制度是不夠的，我們要認清真實，把枝枝節節的事看清楚，做得踏實，千萬不能犯下尋找替罪羔羊的思考錯誤，那會鑄成下一個更大的困局。

5 不可找藉口

適應不良、行為偏差和犯罪青少年，他們普遍缺乏責任感，不肯為自己負責的人會找藉口，把錯誤推卸得一乾二淨。

找藉口可能是導致個人心智退化、適應不良，甚至造成精神疾病的重要原因。凡事找藉口，不肯面對自己的生活問題，去負起責任，設法解決的人，遲早會陷入困境或心靈上的錯亂，鑄成人生的大錯。

現今社會，青少年暴力事件一再發生，引起大家的關心。我認為青少年犯罪的原因，若加以歸納分析有：家庭、社會和學校等因素，錯綜複雜，很難用單一的措施來防治。因此，防治青少年犯罪必須作整體計畫。不過，抽絲剝繭，卻可發現一個重要的問題：適應不良、行為偏差和犯罪青少年，他們普遍缺乏責任感。

人活著就必須要有責任感。肯為自己負責的人，表示他能努力向上，學習新知，願意不斷檢討努力，採取行動，杜免錯誤。不肯為自己負責的人，則會找藉口，把錯誤推卸得一乾二淨。他們不願意去認清事實，負起責任。長期把責任推卸給別人的結果，最後會信以為真地認為都是別人不好，於是更進一步發展對別人的敵意。

多年前的一次座談會中，當時的台北市少年隊陳光輝隊長說：犯了傷害和殺人罪的青少年，被帶到隊裡時，幾乎沒什麼悔意，這是很值得大家警惕的。他的這番陳述讓我更注意心靈世界中有關責任的思考：人若一味把責任推卸給別人，其心志必將退化，甚至會退回到原始的行為模式，也極可能形成性格異常的現象。相對的，如果責任感太重，把一切事情都歸責於自己，也會把自己壓垮，成為精神官能症。

暴力傾向的青少年，在成長過程當中，較少發展出責任感來。這有三個主要現象：其一是長期得不到成就感，使他缺乏自我肯定，所以責任感發展不起來。其二是太少給予在日常生活中負起責任的機會，包括分擔家事、學習主動照顧自己的生活起居等。其三是缺乏負責任的成人榜樣。在我輔導的個案中，凡是行為偏差的青少年，總能找到這些基本因素。

沒錯，青少年的暴力問題，家庭、社會和學校都要負起責任，反省並提升教育品質。媒體也要反省，因為它提供太多暴力的暗示。青少年自己更要反省，要培養自己的責任感，因為每一個人隨著年齡增長，要漸漸學會負起責任。

我曾看過一些文章，一味地責備家庭、社會和媒體，卻很少提及青少年自己的本分。他們說，「青少年是無辜的」、「是社會教壞了他」，讓青少年聽到這樣的一面之辭，對於培養其責任感，必有嚴重的負面影響。

政府當然要努力去克服青少年心智發展上所遭遇到的難題，但我們也要勉勵青少年學習負責，盡應盡的本分，過度的坦護縱容，不利於青少年的成長，這是害之而不是愛之。

目前學校對於行為偏差的青少年，面臨前所未有的窘境；那些有恃無恐的孩子，竟然對著教師挑釁：「你敢罰我嗎？試試看，我到法院告你。」「我就是不喜歡上學，你又能怎麼樣。」這些不負責任的態度，使教育和輔導增加更多的困難。輿論為了少數個案一再批評學校和教師，使學校的信譽降低；太過強調青少年犯罪的無辜，使這些孩子有藉口不負起責任。這一點若無法改善，那學校又怎麼能發揮功能，教好青少年呢？

6 忙的困境

忙使社會變得擾攘，使人的生活變得不安、膚淺和短視。
不忙的人才有清醒的回應能力，身心才健康，生活才喜悅。

現代人的許多心理困擾，大部分源自於忙。忙使人情緒變得緊張，容易嗔怒不安，人際互動易起衝突。忙也令人沒有時間修補心理創傷，更嚴重的是忙使人忽略了友情，疏於彼此關懷，造成人際的疏離和冷漠。

父母親太忙，沒時間和孩子相處，而失去溫馨親情的孩子，態度則顯得冷漠，情緒露出不安。他們缺乏親情溫暖的經驗，長大之後也變得不通人情。有一次，多位學者和輔導老師齊聚探討青少年飆車傷人的原因，他們共同的看法是：生活上的挫敗將導致許多生活適應的困境；他們呼籲家長能多關懷子女，多花點時間來幫助孩子尋找適合自己發展的路。

忙讓親子之間不能深談，缺乏親密的感情，孩子長期缺乏愛而適應不良；可一旦發現孩子適應不良，又因為忙而無心懇談，責備訓斥幾句就以為解決了，結果問題越積越多，終致困境出現。我訪問過許多教師，請教他們青少年問題的原因，他們不約而同的說：真正的問題是父母親各忙自己的事，孩子缺乏關懷。犯過的孩子，其情感生活是很窮困的。

我在婚姻諮商中也發現，夫妻各忙各的，無心去關懷、聆聽和分享彼此的心聲，使他們的溝通內容越來越貧乏，兩人漸漸陷入疏離。他們感情銀行中的積蓄越來越少，終於發生婚變。

我發現整個社會也出現了忙的併發症。如果你常坐公車，會發現有些公車呼嘯而過，不願意停下來載客，因為司機忙著趕完這一趟；他只是為了開車，而不是為了載客。建設公司也一樣，為了忙著趕建一項工程，忙著交差驗收，至於是否安全強固，是否持久耐用，往往未予重視。民意代表、政府官員也不免如此，大家忙著做許多事，結果頭痛醫頭，腳痛醫腳，長遠紮根的事往往被忽略了。

忙使社會變得擾攘，使人的生活變得不安、膚淺和短視。我建議大家不要忙，要留點閒情，才能把事情做好，把生活過好。不忙的人才有清醒的回應能力，身心才健康，生活才喜悅。《信心銘》上說：

自在無礙，
所作皆成。

忙的背後往往是急功近利的動機，它使人變得焦慮不安。我不反對功利，甚至主張謀取大功大利，但是只要你生活忙亂，心浮氣躁，心中懷抱的大功大利，就會變成惡魔一般地反過來折磨你自己。

7 學習對付痛苦

教育的最大功能之一是培養孩子面對苦的勇氣和能力，這是成人對下一代最好的恩賜。

生活是一個不斷克服困難、解決問題、讓自己活得勝任愉快的過程。我們不能把生活解釋得太浪漫，說它是一種享受，或者一種喜悅；正確的說，生活如果是一種享受或喜悅，它的先決條件是解決問題；能克服困難、解決問題，才有喜悅和幸福。

人活著就必須不斷地面對痛苦，接受困境的挑戰；因為問題接踵而來，而每一個問題都必須辛苦的付出代價。請想想，學習解決問題的能力是否很辛苦？為了堅持完成一件工作是否很辛苦？在嘗試錯誤中煎熬尋找答案是否辛苦？幸福快樂與辛苦是分不開的，怕孩子吃苦就注定會令孩子痛苦過一生；鼓勵孩子吃苦耐勞，卻能給他們豐厚的生活本錢。

教育的最大功能之一是培養孩子面對苦的勇氣和能力，這是成人對下一代最好的恩賜。不過，培養他們刻苦、克服困難和堅持的勇氣，並不是故意的磨練，也不是刻意找苦頭給他們吃，而是教他們面對挑戰，鼓勵並協助他們在日常生活中，學習刻苦的能力。依我的觀察，刻苦並不是一種道德規條，而是一種能力，它發自一個人的人格世界，是一種心理動力，是成功適應者所綻放出來的亮麗態度和精神狀況。

所以教育的目的是要培養健康的人格，有了它，就有能力克服困難，就能苦中作樂，生活就覺得容易一些。

生命是一個痛苦的歷程，每一件痛苦的事都蘊含著一個新知和需要，因此每解決一個痛苦，我們不但滿足了需要，獲得快樂，相對的自己的經驗也更加豐富，知識因而增加，信心也提振起來。所以刻苦是人格成長的動力，是幸福的保障；那些怕孩子辛苦，不鼓勵孩子做家事，不敢堅持去接受苦差事的家長們，該好好的重新思考。

越拈輕怕重的人越脆弱；越不肯受苦的人，人格越不健全。逃避責任和痛苦是心理疾病的基本現象。迎著痛苦而接受挑戰的人，卻總是堅強而面露笑容。受苦是生命的真理，從心理學的觀點看是如此，從哲學及宗教的觀點來看，也作同樣的闡釋。

- 佛陀說生命是一個苦的過程，只有透過行苦才能解脫它，從而離苦得樂。（四聖諦的教誨）
- 基督在聖經中說受苦的人有福了。
- 儒家則說士不可不弘毅，任重而道遠。
- 心理學家弗蘭克（V. Frankl）則說生命的意義在於刻苦。

人因為痛苦而創造了光輝的人生，痛苦也砥礪人性的脆弱。更重要的是，苦是沃壯健全人格、締造健康人生的基本素材。每一個人都要學習對付痛苦，要養成不拈輕怕重的習慣，和面對問題、解決問題的態度，這應該是人生的第一課，也是教育的核心問題。

8

平衡的心田

失去活潑有回應能力的心，可算是人生最悲哀的事。因為這會讓一個人失衡，好像失去平衡的飛鳥無法振翅高飛一樣。

人的生活必須有創意；創意並不只用來創造事功、發明器物或研究學術，更重要的是表現在日常生活上。在家居生活中，你能創造氣氛，藉由輕鬆的交談逗趣，把嚴肅的問題化作互相諒解啟發的溫馨。在工作的忙碌順逆中，你能容有幾分自我調侃的諧趣，也會在荊棘的途上，感到些許輕鬆自若。

我知道有許多人，年輕時汲汲於功名，不斷的努力而有些許成就，後來卻覺得自己屬於「上流社會」，而活在刻板的應酬和交際中，失去了早年自由自在的生活。他們沒有心情閒聊，因為行程太忙，他們失去耐性和少年時代的朋友連繫，因為那距離自己太遠。他們忘了給自己一段無事的悠閒，因為靜不下來。其實，他們的生活智慧已經固著起來，失去活力了，可是卻說自己生活在一個有頭有臉的上流社會，至少他們的心中這麼認為。他們忘卻了應該往下迴向轉趣，去了解弱者，去協助需要幫助的人，去為自己活潑的生活接心。

有些人處境相反，但犯的錯誤卻一樣。他們抑鬱而不能出人頭地，因此憎恨壓惡成功的人，從早到晚被憤世嫉俗的魔咒所驅使。他們的敵意、鄙視、對別人的羞辱，使他口出詛咒，說社會是黑暗的、不公的，但是真正的黑暗卻藏在他們自己的心中，因為他們看不出生活的光明面。

失去活潑有回應能力的心，可算是人生最悲哀的事。因為這使一個人失衡，像失衡的飛鳥無法振翅高飛，像失去平衡感的人不能行走一樣，癱瘓了。那是一種心的僵化，在高下傾軋中痛苦，在左右為難中沮喪。

人類最大痛苦來自不能調整高下左右、失去心靈的平衡。唐朝的溈山靈祐禪師和弟子仰山慧寂兩位大師的對話，就很發人深省。溈山有一天指著田說：

「那頭這麼高，這頭這麼低。」仰山說：

「是這頭高，那頭低。」溈山說：

「不信的話，你站在中間看兩頭。」仰山說：

「不必中間立，亦莫住兩頭。」

這則公案所說的田是指心田。心田必須平衡，像水田一樣平衡，水才會平均灌溉禾苗，稻子才長得好。如果心中執著在一頭，那就有了高下掙扎的衝突現象。

心田的失衡使一部分的情感和理智枯乾荒蕪，這是失去創意的原因，同時也是失去活潑生命力的緣由。

9 孝行有益心理健康

父母是人成長過程中，所從出、所依賴、所提攜撫育啟發的根頭，因此不孝順的人在他的潛意識裡，往往會產生割裂和不安。

孝行是一個人精神生活得以開展的基本因素，父母是人成長過程中，所從出、所依賴、所提攜撫育啟發的根頭，不孝順的人，在他的潛意識裡，往往會產生割裂和不安。心理諮商經驗告訴我，孝行是一個心理健康的問題。

不肯和年邁的父母和諧相處，就等於自毀心理生活的基磐，那會使自己潛意識中，早年被愛的溫暖和依賴，失去咀嚼釐清、重新建立清醒強壯自我功能的機會，同時也看不到父母權威式微變化中對自己的啟示。其實老年的父母還是不斷地教給我們許多事情，他們教給我們衰老的意義，衰老時的應對之道，教給我們生命的生、住、異、滅及終究的生命意義。

你想讓自己心智健全，歡喜悅樂，不產生孤寂感和強烈不安，我建議你要對父母盡孝。盡孝不是百依百順，而是要彼此之間建立溫暖的互動，照顧生活而能給他新的精神啟發，以及心智維持成長的機會，維護他不要讓衰老的身體把精神折磨成沮喪無望的頹廢，引導他們看到莊嚴的生命和無盡的未來精神法界，那才是大孝。

禪宗第五代祖師弘忍禪師，他的母親是一位乞丐婆，在幼年時代，弘忍就被送到四祖道信禪師的道場。後來悟道，得禪宗衣法，主化一方，他把母親接到佛寺，不讓她流落在外，但要求母親要跟大家一起工作，一樣早起，而且規定她每日要念佛。由於勞動辛苦，修行功課每天不能打折扣，因此許多僧家認為弘忍大師不孝順。

後來他母親死了，簡單隆重的開示就把喪事辦了，也沒有讓母親遺骸進塔，所以僧眾弟子更加非難他，有人便帶頭要離開，不願意跟不孝的師父學佛。就在一群僧眾要離開他時，他母親卻在空中現身說法：

諸師不必退道心，
吾兒為我了前因，
三世罪業從此了，
菩提依舊現全身。

行孝並不是百依百順，只要給養就算了事。老年人最需要精神生活的啟發和照顧，如果你沒有反哺，回過來用你的心智啟發父母，那麼父母怎能得到福報，怎能證得菩提現全身呢？在我們小的時候，父母提攜照顧教導我們，父母老了，便要換自己來照顧並協助他們得淨土法樂。

現在有許多人連照顧養活父母都不肯，讓父母僅依靠政府養老給付來維生，兩代疏離得越來越厲害，因此一般人不安、焦慮和徬徨的心理特質也越來越重，這是不孝的副作用。至於父母過世，瞎搞些脫衣秀，做些找別人來哭的傻事，父母魂識有知，都被氣哭了。

心理學研究告訴我們，人格的基礎是在四歲時即已成型，人的基本精神力量來自父母的照顧，精神生活的內容與父母相處的經驗有關，無論這些經驗是愉快或不愉快，是對是錯，你都要透過與父母和諧相處，才能從中得到解套，得到啟發和成長，而且必須是歡喜地孝行，才辦得到。

10 煩惱既除百味足

懂得生活的人，不會縱容自己耽溺於貪婪，即使活在名利場上，也仍能保持清醒和澹泊。

人們工作賺錢是為了生活，使自己活得溫飽，活得歡喜，活得有意義、有價值。但我們卻經常看到有許多人，他們犧牲了生活，錯把生活當手段來追逐名利。結果破壞了生活，使生活變得沉悶痛苦，我稱這種人叫顛倒想，也稱為倒懸。

顛倒想的人，心中懷著過多的欲望。他們貪圖太多，以致汲汲的追求仍不能填滿貪婪的慾坑。不停的渴求，導致心力疲竭了；對現狀的不滿，造成憤世嫉俗的病態；與人比較所產生的自卑，像酸液一樣不斷地侵蝕其心理健康。

所以懂得生活的人，不會縱容自己耽溺於貪婪，即使活在名利場上，仍然能保持清醒澹泊。正因為如此，他們能挑得起放得下，能禁得起風浪和波折。禪門所謂的空，不是指空心靜坐，而正是那份「清淨心智，如世萬金」的自性與智慧。唐朝的白居易親受鳥窠禪師心戒，與禪師對坐時，心念平靜沒有言語。白居易的三弟子一旁看了，寫了一首詩稱讚道：

白頭居士對禪師，
正是楞嚴三昧時；
一物也無百味足，
恆沙能有幾人知？

生活不是靠不斷的追逐才得到快樂，而是要從安定的心中才能發現情趣和喜悅。人若能專注的工作，則工作是一種喜悅；在下班家居時，若能留點閒情逸致，自然能享受到喜樂的情趣。當你煩心時，山海珍饈食而不知其味；當你清心開懷時，一片白雲也能令你閒適自在，所以說「一物也無百味足」。

我深信精神生活的關鍵，就在於《大學》所謂的「物有本末，事有終始，知所先後，則近道矣。」因此，如果把生活比喻為主食，那麼名聲地位和累積財貨就像調味品一樣。人們若迷戀調味品的美味，貪圖它、佔有它，而忘了米麵主食比調味料更重要，那麼他就會失去主食所提供的體力，而陷入虛弱的困境。

現代人的精神生活普遍脆弱。大家只求功利，一味地競求，生活的喜樂和寬適感已被剝奪，因此一般人的精神生活空虛、困頓而沮喪。據調查發現，有一半以上的人活得不快樂，有四分之一的人有精神官能症。我們應該要有所警覺了。

佛陀說過一則故事，收錄在《百喻經》裡：

古時候有一個人到朋友家作客，發覺菜的味道很好，便請教主人原因。

主人告訴他，在菜裡加一點鹽，菜的味道就會變好。

他聽了之後心想：「菜的味道是從鹽中得來，少許鹽就這麼好吃，那麼整把鹽放進嘴裡，一定更好吃。」於是他向主人索了一杯鹽，一口吞下去，不料鹹得要命，急忙把它吐出來。

生活也是一樣，聲名、地位乃至積蓄財物，都只是人生饗宴上的調味料而已，千萬不要為了贏得調味的佐料，而失去了生活的主食，那就愚蠢至極了。

伍

穎悟慧心

人必須在其生命過程中，不斷領會生命的真諦，
看出生命的意義，才會覺得充實；
也要在領悟的過程中，去擴充和平衡腦力的運作，
最後發展出宇宙心，從而與如來法界相契，
找到安身立命的座標。
每個人領會生命意義的深淺廣狹容或不同，
但領悟的心不可不培養，
否則會陷入空虛、徬徨和迷失。

1

心空及第歸

最大的痛苦來源是失真的目標，一種野心和佔有慾所形成的虛妄，它往往把許多人壓得神經質，愚弄得心神不寧。

人不能沒有生活目標，沒有目標就失去充實感，失去激發振作的精神及愉快活下去的動力。因此，在禪法上有所謂四如意足，亦即四種令人活得如意滿足的方法，其中第一個如意足就是欲，它就是生活目標。

沒有目標時會覺得茫然、無聊，打不起精神來，甚而令人發慌，這種現象禪家稱作斷滅，亦即失去精進力和光明性，將會是一場生命的大病。人總在空虛無聊時才做出墮落的事，在無所事事時才誤入歧途。

不過目標必須真實，必須切合自己的能力，契合社會倫理的要求，否則目標過大，實際能力和條件不足，無法辦到，反而會造成壓力和挫折感。因此，不適合自己能力、興趣和環境的日標，就是失真，失真的人其心理生活也會失調。其實人類最大的痛苦來源就是失真的目標，一種野心和佔有慾所形成的虛妄，它往往把許多人壓得神經質，愚弄得心神不寧。

前清時代有一位年輕人進京赴考，住在旅店裡。一位拆字的算命先生一定要為他算命，他熬不過老先生的勸請，就寫了一個「串」字讓他拆算。這位老先生看看字，再看他的神情，便對他說你這次赴考會連中雙元，因為串字是由兩個中構成的。另一位考生見狀也要算命，他寫給老先生的字也是「串」字，結果老先生給他的卜詞是：你這次赴考不但考不取，而且會有大患，要當心才是。年輕人不信服地問：

「同樣寫一個串字算命，為何會有如是不同的結果？」

老先生說：

「前一位考生用真心寫了串字，它是兩個中構成的，所以他會連中雙元。你寫串字另有居心，所以在串字底下加了心，就構成了患字。」

後來前者真的連中雙元，後者因為考試作弊，犯了王法被判刑。這故事是真是假並不重要，但卻生動地說明了真實的重要性。

禪家所謂的空就是要摒除不真實的生活目標，放下不合理的抱負和佔有慾。所以「欲」是如意足的動力，「慾」則成為煩惱、痛苦和步向災難的惡因。晉朝僧人史宗說：

有欲苦不足，
無欲亦無憂。

有欲就是「慾」字，它化作貪婪來折磨人，無欲是真實，能依自己的能力去實現無憂的人生。心理學家葛拉塞（W. Glasser）所創的現實療法（reality therapy），其實就是引導不良適應者認清生活的真實面，好重新建立新的、合理的調適態度。

禪門教人打禪七就是要訓練人的真實察覺能力，目的在教人學不造作、不貪婪，這樣才能活得歡喜，實現自己的生活。請注意，空即是真實，即是對自己及環境的充分覺察。唐朝龐蘊居士為打禪七作詩云：

十方同聚會，
個個學無為；
此是選佛場，
心空及第歸。

只有懂得心空的人，才能發現自己生活的真實，也唯有能覺察真實的人，他的生活與工作才會成功，他的人生才活得有意義，因為他是一位覺者。

2

聆聽自然的啟示

山河之美就是佛法，大地渾厚就是佛身，溪聲就是大殿裡的梵音，當心清淨下來時，當下就看到佛，看到生活和生命的真理。

一九九五年春假，我和家人到花蓮旅遊度假，雖然決定成行的時間倉促，但在朋友的協助下，還是訂到旅館，真是幸運。到了花蓮，飯店服務生才告訴我們，最近因為傳言花東將有大地震，所以生意清淡；甚至已經訂好旅館的旅客，又把行程取消。我們就是托地震預測所給的空檔，住上最好的房間，風景區不擁擠，山顯得更青壯，溪谷雄渾的清韻更能與自己共鳴，我們度了個歡喜的春假。

行程是陳萬山和陳淑芬賢伉儷安排的，他們是老花蓮，哪兒風景好就上哪兒，何處值得參觀就去一飽眼福。所以短短的度假，我們上高山，心受嶺嶽嵩峻的氣魄，涉溪谷，聆聽清瀉的水聲曲調，每一個地方都能令人渾然忘我。特別是在太魯閣國家公園，山水壯麗，空谷迴音，光僅站在那兒就是豐收；耳聞之而成聲，目遇之而成色；真是大自然的無盡寶藏。我有感而發說道：

「人投入壯闊的大自然裡，山河大地如此的壯闊，湍湍的流水，深邃的峽谷，令自己塵勞盡落；心被洗滌了，塵勞剝落了，自己也變得謙遜起來。」秀真說：

「《華嚴經》一開始，佛所說的就是世間主的華藏莊嚴、壯闊和美妙，在〈世主妙嚴品〉裡，佛、菩薩、天神、山河大地、草木溪流，同時構成了世間主，構成了眼前這分雄壯、幽麗、青蔥之美；細細的雨就如天雨曼陀羅華，幽谷潺潺流水傳聲，比天籟更美，那該是天女獻樂。」於是我問：

「那麼誰是世間主呢？」她說：

「不是誰是造物主，而是當下的山河大地，來此參契的你我，以及一切有情眾生，花草樹木，乃至天神、菩薩和十方佛都是這世界的主，但必須是覺者才承擔得起做主的格位，不是嗎？」

此刻我們已經契入山河之美，似乎不需要答案了。我們一起默默聽著山水清韻，念著蘇東坡的詞句：

溪聲便是廣長舌，
山色豈非清淨身。
夜來八萬四千偈，
他日何如舉似人。

山河之美就是佛法，大地渾厚就是佛身，溪聲就是大殿裡的梵音，當自己的心清淨下來時，當下就看到佛，看到生活和生命的真理，即刻活在孑然一身的謙虛和猛然省悟之中。

這時地震若果來了，脆弱的數尺之軀也許不堪一擊，也許僥倖的活下來，但是無論你是生或死，你已親嘗過大地之美，聆聽過生命之歌，參證過世間主的妙嚴，已無需擔憂什麼了。

這次親聆大自然的說法，得到的不是空、不是禪定，更不是文字般若，而是智慧；它超越了得失、成敗和生死。對此感受，我和秀真無以名之，只能說我們玩得豈只高興而已，而是發現了自性的珍寶。

3 滾向圓融的人生

每個人都是一塊石頭，隨著亙古不停的生命之河，流入寬廣的海洋，來到海邊，再經海浪的洗鍊，人生就圓融了。

春假的次日，我們選擇花蓮的三棧溪河谷遠足。這兒越往上走，河水越是湍急；飛瀑急流，響徹山谷，全是自然的天樂。我不善於描述山水的壯麗，但卻可以告訴你：一座座雄渾的峻嶺，陡峭的灰褐色石壁，點綴著春天特有的點點新綠。除了山之外還是山，除了流水之外還是流水。大山、河谷、琳瑯滿目的大小石頭、蜿蜒的峽谷，構成清淨的琉璃世界。

踏在河床上，令你有怕干擾到祂的感覺；戲戲溪水，清涼適意。我不知道，這河水的清洌，是不是就是觀世音菩薩手中的淨水，它確能洗滌你的塵勞。來到這兒，野心沒有了，自己愛得很實在。捧一捧水在手裡，直讚美著：活琉璃！清柔無比，涼爽無比。

我們一起戲水花，一起欣賞、撿拾形色美麗的石頭：我覺得每一塊石頭都很美，撿了摸一摸，又很謙虛的放回去；我挑不出哪一塊最美，因為它們都很美。我習慣於看萬物之美，看每一位孩子的優點，知道他們都是唯一獨特的寶藏或天才。現在，眼前的石頭也一樣，各有它們獨特之美。

接著，萬山和淑芬夫婦又帶我們到海邊，那兒更像琉璃世界；蔚藍的海，海灣一曲白色浪花，就像迎接客人的花圈。踩著細柔的沙灘，踏在七星台海邊圓滑的石子上；海天無際，浪濤聲令凡俗的歌聲失色。我們一會兒弄潮，一會兒撿石頭，連陳先生的兩歲公子英瑋，都會俯拾珍玩般的光滑石子。我們豐收了，因為它比珠寶更有無價的價值，擁有它，沒有人會嫉妒，也沒有處理珠寶的不安和煩心。

石頭圓柔光滑，表面上有天然的花紋，有大理石、有年糕石、有玫瑰石。我記不清它們的名字，只知道它們是美的、圓潤的，握在手裡是清涼的。萬山兄右手握著一顆拳頭大的灰圓石，左手指捏著一粒彈珠大的暗黃小石子，對我說：「剛剛我們站在三棧溪的河谷，湍急的河水，特別是颱風暴雨，滾滾山洪把有稜有角的石頭，一塊塊的滾帶到海邊，石頭就磨成這般圓潤光滑了。這很像人生，每個人都是一塊石頭，隨著亙古不停的生命之河，流動入於寬廣的海岸，來到海邊，再經海浪的洗鍊，人生就圓融了。」

沒有湍急的河水就造就不了圓融的石頭，沒有受苦和挑戰的磨練，也沒有光潤的智慧。

聽完萬山兄的話，我感受很深，因為佛陀就教導我們，在日常生活中看出生活的智慧，今天在海邊撿石頭，在三棧溪上游欣賞山嶽深谷，卻同時聽到這樣的美妙比喻，這種善於聽聞自然的說法。於是我引用了洪壽禪師的詩句，相應和說：

撲落非他物，

縱橫不是塵；
山河及大地，
全露法王身。

我們的春假旅遊，除了自然現聲色之美，山河大地卻默默地為我們敘說許多「動容揚古道」的悄然天機：滾滾紅塵的大河裡，無情的歷練和痛苦，究竟要流入光圓的毗盧性海。這是修行的樂趣和生命的第一義諦。

4 心靈之旅

霎時我離開人世的喧囂，發現另一個無可名狀的我，我陪著我，也認識我。

暮春三月的一個傍晚，應宏法寺開證長老之邀，我搭機飛往高雄，要為大專青年作一次有關精神生活的演講。當時我已工作了一整天，覺得有些疲倦。不過一到機場，一種出遠門旅行的歡喜，令我倦意全消。

飛機起飛時，夜幕已低垂。我特別挑選了靠窗的位子，看看華燈初上的台北夜景。真美，不消三兩分鐘，飛機進入雲層，什麼也看不到。於是靜默闔眼，放鬆全身，入於心定神閒之境，我分不清那是入定抑或小睡，一會兒倦意全消，精神清爽安寧。

我遠眺窗外，眼前的一片美景令我陶醉。如果由畫家揮筆，幾筆就可以成畫：飛機的下方是灰暗色的厚厚卷雲，一望無際，像無邊無盡的平原。天邊橘紅色的一片，像地平線一樣，往兩邊延伸到無限。上一層是黝藍的天，就像海一般也是無限的。紅光的艷麗是柔美的，景色是無盡的，在高空中飛機像是靜止的，我陶醉在極樂淨土的化境之中。不，也許這只是通往那精神世界的起站吧！我知道無限的雲際是空性，光彩亮麗的光反照自性真如，而那無盡的藍天卻是法界。

我飛翔在雲端法界中，反省著生命之無常和永恆的存在。霎時我離開人世的喧囂，我發現另一個無可名狀的我，我陪著我，也認識我。

飛機的高度略降，突然遠遠的光彩變得像波濤奔騰，像海潮流向沙岸一般擴散著，眼前現出的是山林流水般的景色。我想只有造物主才能表演這美妙的藝術，它無法摹擬，無法言傳，我依稀熟悉的是《華嚴經》中十方菩薩的雲奔神變，是吉祥雲，是佛世尊要開示的妙境。

這時，我完全參入其中，但也明白我是活在婆娑世界中，要好好生活和工作的凡人。我領悟到真空妙有的生命道理，更深一層反省空的妙論。這一切正在告訴我：要愉悅生活，好好工作，人生如旅，別忘了遊子知歸，莫被世間的無明網絆住。於是腦海裡浮現著唐朝德誠禪師的一首詩：

千尺絲綸直下垂，
一波才動萬波隨；
夜靜水寒魚不食，
滿船空載月明歸。

要開心的活，要恬淡的活，要承擔與工作，要慈悲喜捨的活。但不能被煩惱歹念所牽，否則就會被一波波的煩惱牽入迷途。要像魚不上鉤一樣，才能自在優游的找到精神世界的家鄉——莊嚴的淨土世界。

在高雄的演講會上，我把途中的經過和領悟，當做演講的一段，誠心的和大家分享，我發覺聽眾們似乎也被帶入那美妙的精神省發之中。我看到開證長老在微笑，他好像也在雲端欣賞落日餘暉的神妙。

5

共命的人間

我們活在共命鳥的世界裡，別以為自己贏就好，
要每一個人都贏，每一個人都活得有尊嚴，這隻共命鳥才能展翅高飛。

人們生活的種種活動，看起來是競爭敵對的，實際上是休戚與共的。沒有互助就活不下去，沒有互愛就會拚得你死我活，沒有互利就會窮困潦倒，沒有互敬互重就會仇視不安。所以《華嚴經》的教誡之一是：

無緣大慈，

同體大悲。

意思是說，對於自己人要愛護他，對於素昧平生的人，也一樣要愛護他，

給他同等的機會，給他信心、希望和歡喜，因為我們是生命的共同體。

佛陀在《阿含經》裡講了一則共命鳥的故事，很具有啟發性：

古時候有一隻共命鳥，牠有兩個頭，但共同一個身子。有一天，牠飛到樹林裡，右邊的頭發現了一個美豔香甜的果子，便津津有味的獨享，不肯與在左邊的頭分享。

左邊的頭很氣忿嫉妒；牠四處張望，發現自己身邊也有一個果子。定睛看清楚，是一顆有毒的果子。然而當下，氣不過對方，便狠狠地把那毒果吃下肚子。當然，共享身子的共命鳥把自己給毒死了。

我認為夫妻是共命鳥，要互愛互重，彼此關懷，相互體恤，自然能和睦快樂，工作起來精神愉悅。家庭也是共命鳥，無論是大家庭或小家庭，是三代同堂或一家三口，能夠考慮到成員彼此的感受，讓對方活得有尊嚴有信心，得到愛和溫暖，無論他們的職業如何、收入如何、孩子的學校成績如何，這個家是幸福的，每一個人是健康有活力的。

學校裡的每一個班級也是共命鳥，它有四、五十個頭，如果學校只讓成績好的孩子獨嘗學習的快樂，而不能讓每一個孩子在學校裡嘗到成功的經驗和受到愛護的喜悅，那群成績差的孩子必會感受到長期的挫敗，又嫉羨成績好的學生，是否也會吃下那身邊的毒果，危害共命的系統呢？

每一個孩子都有他的才能，有許多才能不是用考卷能考出成績來的；例如人際相處的能力、勤奮與負責、各種才藝興趣、體能等等，哪怕是一個禮貌的微笑，都是一種彌足珍惜的才能。教師和父母固然要鼓勵會讀書的孩子，也應對不同天賦的孩子給予鼓勵，讓他們也嘗嘗學習的歡喜果子。然而，實際上受到冷落的孩子為數不少，他們每天拖著挫折沉痛的步伐來到學校，有時連期待老師給他一句安慰的話和笑容都不可得。然而，這些人的不幸與挫敗經驗，正也是這個社會共命系統的不幸呀！

此時此地，這個社會，這個國家，就像是一隻共命鳥，政黨政治是共命鳥，別忘了相互尊重、互助與分享，這是安定的礎石。經濟發展上，資本家和勞工是共命鳥，要合作互利才有繁榮。政經的活動，有一邊獨佔便宜，或陷入自我獨斷，都會造成窘境和災難，破壞共同的生命。

我們就活在共命鳥的世界裡，要互愛互助，別以為自己贏就好，要每一個人都贏，每一個人都活得有尊嚴，這隻共命鳥才能展翅高飛。

6 真空妙有是真禪

如果你想活成別人的樣子，或拿別人的人生目標為自己的目標，無非是背叛自己，壓抑了自己的潛能。

人若想活得愉快，活得成功，就必須對自己誠實，充分了解自己的性格、興趣、能力和環境，根據這些現有的條件好好努力、發揮，就能開展成功的人生。禪家所謂的如來就是要你摒除虛妄的目標，看清自己的現實條件和根性因緣，依自己的本分去工作和生活，這樣才會紮實，才能不斷成長，展現成功的人生。

每一個人注定要依自己的特質和條件活下去，那才真實，才有喜悅可言。如果你想活成別人的樣子，或拿別人的人生目標作為自己的目標，那無異是背叛自己，壓抑了自己的潛能。這樣的觀念，拿來應證現代的生涯規劃和自我實現的心理學理論，是不謀而合的。

禪宗所謂的如來禪是要捨棄不實的動機和慾望，不拿自己和別人比較，不抄襲別人的生活表現；要清除不實，大清倉一番，然後好好實現自己。這就是所謂的「空」，同時也是真實的生活。唐朝的仰山禪師有一天問他的師弟香嚴禪師說：「師弟呀！你該把所領會的心得說出來給我聽聽。」香嚴禪師說：

去年貧未是貧，
今年貧始是貧；
去年貧猶有卓錐之地，
今年貧錐也無。

這是說去年清除虛妄尚不徹底，今年則完全摒除虛妄。「貧」這個字就是清除的意思。懂得給自己來個心理大掃除的人已經很難得了，但是已悟道的仰山卻說：「師弟！你只懂得如來禪，沒有觸及祖師禪。」於是香嚴又作了一首偈子說：

我有一機，
瞬目視伊，
若人不會，
別喚沙彌。

這首偈子更進一步指出他真實的自己，正活潑地生活著。同時他直接能看到伊（自己），而伊正是統整自我的主體。這有兩個層面，一個是人世間真實的自己，一個是不屬於現象界的永恆真我，兩者都是如來。接納現世的如來，發揮自己的潛能，可讓自己獲得福報和成功。看出永恆的真我，卻能讓自己在順逆成敗之中，瀟灑優游，超然物外。

現代人普遍要追求成功的生活，但有許多人的方向卻錯了；大家一窩蜂跟別人走，卻不知道要從實現自己開始；只羨慕別人成功，卻不願意讓自己走在自己成功的道上。我建議現代人學如來禪和祖師禪。

7 默照的功夫

忙是好事情，不過忙碌的生活必須懂得調適，否則日子久了，身心俱疲，情緒焦慮。

現代生活是忙碌的。忙是好事情，只要忙得踏實，忙得精進，忙於盡一分人生的責任，便能充實自己，令自己活得有意義。不過忙碌的生活必須懂得調適，否則日子久了，身心俱疲，情緒焦慮。許多中壯年人經常覺得背痛或全身痠痛，那是忙和心理壓力造成的。

曾經有一位大機構的主管參加我主講的身心調適研習，在接受過鬆弛體驗及基本禪坐練習後，告訴我說：

「我每天腰痠背疼，你看我長得這麼壯，但一點用也沒有。剛剛跟著你做過鬆弛活動，在你的指引下進入定境，覺得渾然忘我，這種感覺在我年少時曾經有過，但很久以來我已經遺忘了這種體驗，請告訴我這是什麼經驗？如何維持？這能讓我的痠痛疲憊減輕嗎？

「老實說，我也依照醫師的指示多做運動，但心靈上的疲憊和身體的痠痛感，始終揮之不去。我希望把今天習得的身心調適學得更落實些，你能對坐禪再給我多一點的指教嗎？」

這位先生是一位大忙人，又要應付許多沉重的心理壓力，他求好心切，連運動都被視為是一種工作，最後運動也變成壓力了。我知道許多大忙人每天一大早起來練身體，練得太忙了，失去休憩閒適的情趣，結果適得其反，病況沒改善，或者看來略有改善，卻在毫無預警的情況下暴斃或得重症。於是我對他說：

「身心必須保持彈性，忙和壓力如果不懂得紓解，長此以往，就會失去良好的回應能力，身心都僵化了，病魔就在這時乘虛發展。一個世紀以前，巴斯德認為令人生病的是細菌，它是病的種子；而解剖學家班納德卻認為令人生病的是令細菌孳長的土壤。最後巴斯德在晚年時，也終於承認班納德是對的。當你的土壤出了毛病，容易孳生細菌，或土壤本身變得越來越貧瘠石灰質化，那麼生命的活力就會亮起紅燈。

「心理神經免疫學的研究告訴我們，一個輕鬆快樂、有信念、有熱情、有信仰的人，比沮喪、緊張、抑鬱、恐懼和缺乏信仰的人，有較好的健康。所以，現代人要學習一點鬆弛身心的好方法；能鬆弛身體，相對就能導致心理的平靜，心理的安適也能導致身體的輕鬆。你要學學默照禪，每天晚上給自己三十分鐘，靜默心慮，萬緣放下，把身心安頓得輕鬆自在，就像今天打坐的方式，令自己清心潛神，廓然忘像。」

默照禪的創始者南宋時代的宏智正覺禪師說：

默默忘言，

昭昭現前；

鑒時廓爾，
體處靈然。

如果你能把握默然靜坐，那麼一天的壓力和忙碌就可以得到洗滌，自有一番好睡眠，心智也較為清朗。

這位首長學了打坐和鬆弛技術，又學會默照禪的心法，他說「一定努力以赴」，我叮嚀他說，「坐禪默照必須養成習慣，才會真正受用。」默照禪的功夫能培養安寧和覺照，不但能帶來輕安和喜悅的心情，更能開啟創意和智慧，並能從中超越我執，契會生命的究竟義。

8 安度人生的險灘

風平浪靜時的禪定不是真禪定；
真正的禪定是更專注地去面對現實和痛苦，照樣能維持正常生活的效能。

人總是在心情不好、情緒惡劣時，才想要按捺自己，希望心情平靜下來。但很不幸地，越想要讓自己平靜，卻越陷自己於掙扎的痛苦。

有一位年輕人失戀了，他為了排遣失戀的痛苦，請了假，把工作放下，回到鄉下家裡，以為這樣可以讓自己綏靖，結果心情卻更加惡劣；成天作白日夢，恨和失落之情令人失眠，神情恍惚。假期快滿了，他顯得更消沉、更落寞，因此在朋友的介紹下來看我，跟我晤談。當然，失戀的痛苦不是一兩週能消失的。他需要經過幾次的晤談，才可能從中看出新機。不過，以下這段對話卻是他轉向平靜最重要的關鍵。他說：

「我過去也學禪，也學佛。平常我能調理自己，平靜喜悅。現在那份喜悅平靜怎麼找也找不回來，我多麼渴求平靜安定。」在交談中，我發現他想回去工作，但又沒有心情工作。於是我說：

「失戀是件很痛苦的事情，在這強烈打擊中，你要追求平靜是錯誤的，就像窮人對自己說，要是我富裕就好了，自己卻不肯努力去工作一樣。真正的禪定不是把自己躲起來，或者離群而索居；真正的禪定是在失戀的惡劣情緒中，學會認清痛苦，面對戀人離去的失落。你不能束手坐在那兒，任由痛苦來折磨你。

「你就像在人生的大河裡泛舟。舟行入激流險灘，你是打起精神，努力去覺察河道的險阻，設法不要舟摧楫毀，抑或閉上眼睛在舟上尋求安全呢？請注意！風平浪靜時的禪定不是真禪定；真正的禪定是更專注地去面對現實，去過你失戀的日子，照樣能維持正常生活的效能。

「你要懂得造次必於是、顛沛必於是的道理。你已學佛，就要運用這些素材來鍛鍊自己的禪定，而不是有一種存在於你之外的禪定能給你安定。禪者是一位主動者，他要學習面對一切惡劣的心境。回去工作吧！做個好好品味失戀的工作者吧！記下它到底有多痛苦，用你的智慧思考如何使自己在人生的激流險灘中航行得更有意義吧！

「請記得！維持正常的生活和工作就是戒；把失魂落魄的心找回來面對苦難就是定；好好安排生活，盡心的工作，不要被失戀打垮就是慧。趁這機會修行三學，順利時我們可以高興喜悅，逆境時正好可以培養面對它的本領。禪家說：

不經一番寒徹骨，
爭得梅花撲鼻香。

「你讀過《華嚴經》吧！善財童子參訪第九位菩薩勝熱婆羅門時，所學到的生活智慧是『上刀山入火聚』，那是痛苦的試煉。起先善財童子有了退心，但在天神的鼓勵下，勇敢地跳下去面對荊棘火熱的痛苦，卻驚奇地發現：『甚奇！聖者！如是刀山及大火聚，我身觸時，安隱（穩）快樂。』好好躍入去過你失戀中的生活與工作吧！」

這位年輕人先經過一番傾訴，然後很專注地聆聽我說話，我看著他的眼神漸漸明亮，看著他面露活力。他只來三次，我看他已能安駕扁舟，在激流險灘中穩穩駛度。我像是一位駕舟的教練，依「如是我聞」的佛法來指導，看著他平安的駛離。

9 消受不起的危機

人要惜福，也要惜緣；
福分受盡時，一切幸福的緣也會枯竭。

我小的時候，經常聽到長輩們警告說：「有些享受和愛欲，是你消受不起的，即使無條件送給你，也要推辭。」這則庭訓，直到現在還是奉行不渝。我喜歡簡樸單純的生活，不貪圖享受；我愛腳踏實地的工作，不慕愛虛名。宋朝的法演禪師說：

福不可以受盡，
受盡則緣必孤。

享受多了，意志會消沉，精進努力的豪氣便消失；玩樂多了，金錢的花用大，浪費成性就會陷入窘困；安逸於聲色之樂，身體也會漸漸耗弱起來，更重要的是，沒有節制和不知愛惜資源的揮霍，會產生性格上的丕變，造成氣數上的衰敗，而遭逢厄運。

聽說有一位先生，努力工作，白手起家，賺到一些錢，買了一部名貴的車子。自從有了名車之後，他時而擔心被偷，時而害怕壞人勒索，生活變得很不自在。他自稱消受不起，轉手賣給別人。有一位家長，孩子要求什麼就給什麼；結果養成孩子好逸惡勞、游手好閒的性格。太多的享受，使這位年輕人消受不起。

我有一位朋友採取重賞和激勵的方式，勉強孩子考取第一志願，結果才念到高二便潰不成軍；他在班上跟不上人家，長期壓力太大，精神崩潰了。我認為第一志願的學校，並不是每一個孩子都適合去念的，程度不到一定水準的孩子，進到這類學校就會消受不起。所以，勸告家長和學生，考學校也要量力而為。

現代人生活在高度競爭和緊張忙碌的工作環境裡，我們的目的是提高效率，促進生產力，讓我們連吃奶的力量也使出來了。結果呢？精神官能症的人口增加了，得這種心理失調毛病的人口竟然佔總人口的四分之一。不快樂的人也在增加，有二分之一的人自稱不快樂。太強調要拚才會贏的人，結果往往輸掉了，因為他們消受不起。

台灣的山地本來是一片蓊鬱的森林，經由我們毫無節制的濫墾，水資源破壞了，水土保持出問題了，大環境的安全和生活環境的品質失去了保障，我們將消受不起濫墾的後果。我曾經上阿里山龍頭一帶參加一個研討會，站在那兒舉目四望，林木幾乎都砍伐殆盡，幾年之間通通變成茶園。這樣的耕作破壞了森林，破壞了自然生態，來日的災難可能不是大家消受得起的。

我常常看到許多半舊的家具被棄置在路邊，等著垃圾車來運走。且不說處理這些家具需要很大功夫，我要特別提醒的是，那一件件家具本身就是一株株被砍伐下來的林木，我們不但沒有惜福，卻因為家具樣式過時而任意棄置。大家得想想，再買一套新家具，又要砍掉幾棵大樹呢？我深信古人所謂「天作孽猶可違，自作孽不可活」，我們總有一天會面臨消受不起的困境。

人要惜福，也要惜緣；福受盡時，一切幸福的緣也會枯竭。現代人該對於浪費、野心和無盡的揮霍捫心自問：我消受得起嗎？

10 通達的智慧

不要被自己的「一定」給困住，
不要被自己的觀點把自由思考和解決問題的能力給壓抑下去了。

有一次，一對同修夫婦來家裡作客，談起夫妻相處之道。我們都承認天下沒有圓滿無缺的婚姻，也沒有個性完全相容的恩愛佳偶。夫妻之間，只要不對自己的意見過於執著，就能協調出共同的決定，這就是情投意合，是幸福婚姻的關鍵因素。我說：

「我認為幸福婚姻不是建立在濃稠的感情上，不是植根於財富上，也不是建立在奉獻犧牲的包容上，而是彼此都要學習心靈的自由，活潑的思考，懂得從執著中解脫出來，去解決問題。」我這話引起李太太的興趣，她說：

「下個月我的姪女訂婚，我想回去看她，可是先生的公司卻舉辦一次同仁旅遊，那也是很難得的活動，到底我們該怎麼辦？先生說一定要兩人一同參加旅遊，因為它很重要。我主張咱們各自參加自己想參加的活動，這樣互相尊重最好。我們各自堅持己見，困擾而沒有結論，你的意見如何？」我回答說：

「不要執著就會有答案。就先生而言，不要執著於非一同參加旅行不可，想想太太可能有她不得已的苦衷，不要被『非一起去不可』的這個念頭給綁住了。對太太而言，妳也可以想想，參加訂婚可否改為前一天或前幾天去拜訪準新娘，表示賀意和關心，等到結婚再參加婚禮，不要被『時間』給困住了。

「不要被自己的『一定』給困住，不要被自己的觀點把自由思考和解決問題的能力給壓抑下去，這就是你們真正的自由之路。當你的心不會被境界牽著走時，你就能獨立思考，作正確的決定。不要被情所困，不要被利害所困，不要被情面所困，不要被虛假所困。這些都是塵勞，它們困住你的心，以致產生煩惱。請看清楚！法塵是法塵，心是心，不要讓法塵困住你的心，而失去自由和喜悅。」

就在談話之中，他們竟同時得出結論：可以在姪女訂婚前一起回娘家敘舊，看看姪女並表示關心祝賀，然後再一起參加團體旅遊。我說：「這也是一種選擇，問題是不能陷入執著之中，因為執著本身就是一種煩惱和壓力。作了決定就得高高興興去做，而不要向對方討人情。為實踐寬容的美德所做出來的寬容，有時是一種罪行。」

朋友聽了撫掌大笑，連說這是一次意想不到的諮詢。他們問我：「這是禪嗎？」我回說正是，然後引了《六祖壇經・定慧一體品》中的經文，解釋不執著的心法：

於諸境上心不染曰無念，
於自念上常離諸境，
不於境上生心。

不染就是不執著於成見、己見和刻板觀念，只有這樣才能面對環境、解決問題，所以覺醒通達才能顯露出來。相反的，自己的心念也不應被情境和現象所迷惑，這樣所做的決定往往失真，招惹許多煩惱。

經上說：

> 迷人於境上有念，
> 念上便起邪見，
> 一切塵勞妄想從此而生。

執著於情面、功利和定見，往往令人煩惱不堪，同時破壞生活情趣和通達的襟懷。執著於法塵是生活上的最大障礙，要謹慎避免。

正向的生活智慧

融合心理學、教育學與禪學於日常生活應用的倡言人鄭石岩，把佛學中《唯識論》的精神與西方的心理學結合，發展成一門心性修養和提升生活效能的學問；更進一步用在教育和輔導工作上，成為新的諮商輔導技巧。這樣的東方與西方融合，傳統與現代的聯璧，構成唯識派心理學，可說是一種創造或心理學發展的新猷。

這六本著作所涉及的範圍，包含了子女教育、青少年的輔導、生活及工作、婚姻，人際關係、心理健康和生命的意義。每一本書都有豐富生動的故事，能帶引讀者，親嚐生活與工作中的智慧清泉。

A3A41《換個想法更好》
——把握變動調適，開拓成功人生

A3A42《尋找著力點》
——生活之妙，功在奏效

A3A43《勝任自己》
——培養心力，沃壯人生

A3A44《精神體操》
——走出困境，迎向希望

A3A45《過好每一天》
——拒絕煩惱，擁抱生活

A3A46《生命轉彎處》
——轉逆成順，化苦為樂

大千世界的生活禪師

繁華俗世中的芸芸眾生，流盪在七情六欲之中，輪迴不已。這之間有苦有樂、有平靜有顛沛，如何面對？端賴自己。在西方，有思辨的心理學，解讀人生種種；在東方，一個古老的智慧——禪學，在生活的傳承之中，逐漸圓熟；靠著「它」，滌清了人們的煩憂。

鄭石岩教授自幼研習佛法，參修佛學多年，並對心理學與教育學有深入的研究；因此在書中，他結合了東西方的心靈學問，期望引導生活在熙攘的現代臺灣社會的人們，學習開朗、自在的生活哲學。

A3A11《參禪・改造心情》
——參透二十八則 法喜八萬四千

A3A12《禪・生命的微笑》
——以禪法實現自我，做生活的主人

A3A13《無常・有效面對生活》
——涵養禪定智慧，開展亮麗人生

A3A14《優游任運過生活》
——優游的生活態度，任運的生活智慧

A3A15《禪・心的效能訓練》
——汲取禪修智慧，提升自我效能

A3A16 《清心與自在》
——佛法的心理學分析與應用

A3A17 《生活軟實力》
——及時為幸福扎根

華文閱讀・第一選擇

YLib.com 遠流博識網

榮獲1999年 網際金像獎〝最佳企業網站獎〞
榮獲2000年 第一屆 e-Oscar 電子商務網際金像獎
〝最佳電子商務網站〞

互動式的社群網路書店

YLib.com 是華文【讀書社群】最優質的網站
我們知道，閱讀是最豐盛的心靈饗宴，
而閱讀中與人分享、互動、切磋，更是無比的滿足

YLib.com 以實現【Best 100— 百分之百精選好書】爲理想
在茫茫書海中，我們提供最優質的閱讀服務

YLib.com 永遠以質取勝！
敬邀上網，
歡迎您與愛書同好開懷暢敘，並且享受 YLib 會員各項專屬權益

Best 100- 百分之百最好的選擇

Best 100 Club 全年提供600種以上的書籍、音樂、語言、多媒體等產品，以「優質精選、名家推薦」之信念爲您創造更新、更好的閱讀服務，會員可率先獲悉俱樂部不定期舉辦的講演、展覽、特惠、新書發表等活動訊息，每年享有國際書展之優惠折價券，還有多項會員專屬權益，如免費贈品、抽獎活動、佳節特賣、生日優惠等。

優質開放的【讀書社群】 風格創新、內容紮實的優質【讀書社群】— 金庸茶館、謀殺專門店、小人兒書鋪、台灣魅力放送頭、旅人創遊館、失戀雜誌、電影巴比倫……締造了「網路地球村」聞名已久的「讀書小鎭」，提供讀者們隨時上網發表評論、切磋心得，同時與駐站作家深入溝通、熱情交流。

輕鬆享有的【購書優惠】 **YLib** 會員享有全年最優惠的購書價格，並提供會員各項特惠活動，讓您不僅歡閱不斷，還可輕鬆自得！

豐富多元的【知識芬多精】 **YLib**提供書籍精彩的導讀、書摘、專家評介、作家檔案、【Best 100 Club】書訊之專題報導……等完善的閱讀資訊，讓您先行品嚐書香、再行物色心靈書單，還可觸及人與書、樂、藝、文的對話、狩獵未曾注目的文化商品，並且汲取豐富多元的知識芬多精。

個人專屬的【閱讀電子報】 **YLib**將針對您的閱讀需求、喜好、習慣，提供您個人專屬的「電子報」— 讓您每週皆能即時獲得圖書市場上最熱門的「閱讀新聞」以及第一手的「特惠情報」。

安全便利的【線上交易】 **YLib** 提供「SSL 安全交易」購書環境、完善的全球遞送服務、全省超商取貨機制，讓您享有最迅速、最安全的線上購書經驗